U0507222

教育部人文社会科学研究规划基金项目"敦煌汉、藏文术数书整理释录与比较研究"（13YJA770007）资助

天水师范学院科研基金资助

张福慧◎著

安多藏族
传统节日文化研究

中国社会科学出版社

图书在版编目（CIP）数据

安多藏族传统节日文化研究/张福慧著 . —北京：中国社会科学出版社，
2016.7

ISBN 978 - 7 - 5161 - 8568 - 1

Ⅰ. ①安…　Ⅱ. ①张…　Ⅲ. ①藏族—民族节日—少数民族
风俗习惯—研究—安多县　Ⅳ. ①K892.1

中国版本图书馆 CIP 数据核字（2016）第 157999 号

出 版 人	赵剑英	
责任编辑	郭　鹏	
责任校对	王　斐	
责任印制	李寡寡	

出　　版	中国社会科学出版社	
社　　址	北京鼓楼西大街甲 158 号	
邮　　编	100720	
网　　址	http://www.csspw.cn	
发 行 部	010 - 84083685	
门 市 部	010 - 84029450	
经　　销	新华书店及其他书店	

印　　刷	北京金瀑印刷有限责任公司	
装　　订	廊坊市广阳区广增装订厂	
版　　次	2016 年 7 月第 1 版	
印　　次	2016 年 7 月第 1 次印刷	

开　　本	710×1000　1/16	
印　　张	10.75	
字　　数	146 千字	
定　　价	39.00 元	

凡购买中国社会科学出版社图书，如有质量问题请与本社营销中心联系调换
电话:010 - 84083683
版权所有　侵权必究

图一　唐纳禾村"萨康"（笔者 2008 年 12 月拍摄）

图二　夏河达老老人家的台历（笔者 2008 年 12 月摄）

图三　过年屋檐的净水冰（笔者 2007 年 2 月摄）

图四　天祝县城藏族居民家中供奉的观音神像（右）和羊头（笔者2007年2月拍摄）

图五　修建中的石门寺（左）20世纪80年代修复的华藏寺（笔者2008年1月拍摄）

图六　华藏镇南山"俄博"的"隆达"和豌豆马料（笔者2008年1月拍摄）

图七　天祝县城大锅湾东面"俄博"（笔者 2009 年 1 月拍摄）

图八　大锅湾西面才立不久的"俄博"（笔者 2008 年 1 月拍摄）

图九　卓尼县城神山"拉则"（笔者 2007 年 7 月拍摄）

图十　卓尼木耳镇叶儿村神泉庙（左）药水神泉（笔者 2007 年 7 月拍摄）

目　录

第一章　绪论

一　研究意义

安多（a mdo）地区是一个以藏族为主体的民族、多民族聚集，以藏文化为主体文化、多元文化共存的特殊地域。自古以来所谓的两大民族走廊都穿越这一地区，先后有氐羌、匈奴、鲜卑、吐蕃、汉、回、蒙古等民族在此繁衍生息，期间又先后有鲜卑、吐蕃、汉、蒙古、满等政权交替执政。在这些民族政权此消彼长、你争我夺的历史风云中，在各民族的流动中，逐渐形成现代安多地区多元文化共生共存的民族格局。在此格局下，以藏族本民族传统文化为核心的各民族主体文化圈的边缘在政治和经济的带动下多有交流和摩擦，为了求得共同的生存，在长期的历史进程中，通过自觉或不自觉的相互融合、借鉴，渐趋汇聚为一个你中有我、我中有你的多民族共同体。多元文化的碰撞使安多地区主体藏文化呈现出诸多有别于其他藏区的独特风格。安多藏族节日作为藏文化的重要组成部分，在族际关系及各民族文化共存上发挥着不可轻忽的历史作用。在安多藏族节日中，有些成为各民族共同参与庆祝的节日，也有部分节日吸收了其他民族文化因子，使得藏族节日内容更为丰富多彩。这些节日都不同程度地起到联结各族感情、增进各族友好交流的重要作用。对安多藏族传统节日的收集整理，不仅有助于从整体上更为全面地了解该地区藏族节日文化，同时，通过对部分节日发展脉络与现状的考察研究，还有助于从一个侧面为民族区域社会的发展研究提供部分动态的、立体的认识与参考。

然时至目前,学界尚未针对安多藏族传统节日文化开展专题性研究。已有论著或在考察整体藏区时部分提及,或就个别比较有影响的节日予以探讨。本书在学界前贤研究基础上,进一步收集历史文献、民间采访、新闻报道中有关安多各地方性藏族节日,其中包括一些在以往研究中未曾提到的,或者目前存在空间很窄的节日,力求更全面地整理出这些节日资料,并对一些全区性、典型性节日开展有针对性分析研究。以期能进一步展现安多藏族传统节日文化的丰富内涵与多样风貌。

二 前人研究回顾

现代意义的藏学研究以匈牙利学者乔玛(1784—1842)驻留在西藏藏传佛教寺院学习藏语及佛教典籍为肇始,以他撰写的藏语词典、古藏文文法书籍以及一些学术论文、成果报告为基础建立起了欧洲藏学研究的基地。富科丝——第一位欧洲藏语文文学专业硕士点负责人及导师就是自学了乔玛的著作开始了他藏学研究的生涯,以此为基地培养了诸多藏学研究者,使世人对西藏的印象不再只停留于早期探险家猎奇的游记和传教士事无巨细的表面描述。国外藏学家以对待一种异国文明的态度来研究当时的藏族及藏传佛教,发表出版了一些在现在还有参考价值的专著和论文。

对安多藏区的深入考察以法国人古伯察于19世纪40年代的游历开始,之后引来了欧洲美洲的东方学家接踵而至,开始了对安多的自然、人文方面的研究。安多藏族节日文化在这些早期的国外学者研究著述中主要是对节日场景进行描述,而且着笔较少,究其原因是当时的局势动荡,国外考察家无法长久的留居安多,而且这些学者的考察重点多在自然、考古、经济等方面,对风俗习惯只能走马观花一笔带过。即便如此,也为我们留下了一些研究节日的珍贵田野资料,如俄国考察家普尔热瓦斯基驻留在拉卜楞恰逢一世嘉木样协巴圆寂纪念及拉寺小传召法会,《蒙古、安多和死城哈喇浩特》①记录下了当时的场景并初步探讨了节日的源起。20世纪初来到中国西南考察的奥地利人约瑟夫·洛克曾经深入安多藏区的卓尼,在卓尼嘉波的支持下进行了卓有成效的人类学调查,撰写了《在卓尼喇嘛寺的生活》②,向我们细致描绘了卓尼大寺正月传召法会、酥油花节、晒佛节、六月法会以及燃灯节的场景,还留下了许多节日法舞的珍贵照片。敦煌莫高窟藏经洞藏文文献被发掘后,又陆续有相关论文发表,如奥地利学者内贝斯基写的《西藏宗教仪式中的"垛"及其施垛仪式》③,探讨了藏族节日中常见的"垛"仪式的内容及形式。

中国国内藏学研究的正式开展始于20世纪初,中国学者虽然涉足较晚,这一时期的研究成果却很多。涉及安多藏族节日的文章也更翔实、更具有参考价值。专述节日的文章如:李安宅先生的《拉卜楞藏民年节》④《拉卜楞寺护法神》⑤,润泽的《松山藏民大会》⑥,曾明全的《记甘肃夏河县拉卜楞插箭盛会》⑦,车臣的《记塔儿寺庙会》⑧,穆见业的《塔儿寺及其灯会》⑨,伯明《塔儿寺看浴佛》⑩,张有魁的《塔儿寺的元宵花灯》⑪等。

新中国成立以后,随着全国范围内的民族普查工作的开展,

① [俄]彼·库·科兹洛夫:《蒙古、安多和死城哈喇浩特》,王希隆、丁淑琴译,兰州大学出版社2001年版。

② 原载《国家地理》1928年11月号,1963年甘肃省图书馆整理翻译,本书转引自宗喀·漾正冈布《卓尼生态文化》,甘肃民族出版社2007年版,第54—58页。

③ 载《国外藏学研究译文集》第八辑,西藏人民出版社1992年版,第315—345页。

④ 《现代评论》1940年第5卷第13、14期。今据李安宅、于式玉《李安宅、于式玉藏学文论选》,中国藏学出版社2002年版,第31—38页。

⑤ 同上书,第120—147页。

⑥ 《新西北刊》1940年第3卷第3期。

⑦ 《蒙藏旬刊》1939年第10—18期合刊。

⑧ 《边锋月刊》1947年第10、11期。

⑨ 《旅行杂志》1932年第6卷第10期。

⑩ 《和平日报》1947年7月27日。

⑪ 《西北通讯》1947年第1卷第3期。

相关学者也来到安多地区进行民族识别以及民族志的编写工作，出版了中国少数民族简史、简志等丛书以及 20 世纪 70 年代的民族问题五角丛书，里面涉及民族节日的资料为以后的研究奠定了基础。"文革"结束后，随着经济改革的不断深化，西方新视角新方法的运用，中国人类学、社会学、民族学的调查研究进入了新阶段，对安多藏族节日的研究也逐步深入。首先针对个别节日不再局限于单纯描述、简单探讨，而是结合藏汉史籍以及民间田野调查，采用相关研究方法分析节日背后蕴含的民族文化深层内涵以及节日的功能，还提出了对节日这一民族文化遗产的保护与传承的诸多设想和建议，其中一些也被付诸实践。这些专题研究中关涉安多藏区的有：《青海隆务河流域的"六月会"及其文化内涵》[①]《青海藏族的射箭活动及其文化背景》[②]《浅谈天祝藏区赛马会的民俗文化内涵》[③]《洮州湫神奉祀文化的解读》[④]《民族传统节日文化的作用与民族发展——对甘南藏区香浪节的思考》[⑤]《民俗：人类学的视野——以甘肃临潭县端午龙神赛会为研究个案》[⑥]《华日地区一个藏族部落的民族学调查报告——山神和山神崇拜》[⑦]《青海省同仁地区民间宗教考察报告》[⑧]《拉卜楞地区

---

①　刘夏蓓：《青海隆务河流域的"六月会"及其文化内涵》，《西北民族研究》1999 年第 1 期。

②　才让：《青海藏族的射箭活动及其文化背景》，《西北民族研究》1992 年第 1 期。

③　杨才让塔：《浅谈天祝藏区赛马会的民俗文化内涵》，甘肃省藏学研究所主编《安多研究》第 3 辑，民族出版社 2007 年版，第 227—235 页。

④　武沐：《洮州湫神奉祀文化的解读》，《中国民族学集刊》第 2 辑，甘肃民族出版社 2008 年版，第 177—189 页。

⑤　寇小丽：《民族传统节日文化的作用与民族发展——对甘南藏区香浪节的思考》，《社科纵横》2005 年第 3 期。

⑥　周大鸣、阙岳：《民俗：人类学的视野——以甘肃临潭县端午龙神赛会为研究个案》，《民俗研究》2007 年第 2 期。

⑦　王兴光：《华日地区一个藏族部落的民族学调查报告——山神和山神崇拜》，《西藏研究》1996 年第 1 期。

⑧　陈景源、庞涛、满都尔图：《青海省同仁地区民间宗教考察报告》，《西北民族研究》1999 年第 1 期。

山神崇拜之历史渊源及文化现象分析》①；以整个藏区为背景，研究藏族普遍节日文化的有：南文渊的《藏族神山崇拜观念浅谈》②、周拉的《略论藏族神山崇拜的文化特征及功能》③、谢继胜的《藏族的山神神话及特征》④、肖建春的《论青藏地区民族节日的广告效应》⑤等。这些论文就某一节日进行了深入细致的研究，将之放在古今社会环境中分析解构节日背后的深层内涵，或者从历史、人文的角度探讨节日渊源，或者对发挥节日促进社会发展提出见解。另外，这一时期还出版了几部藏族节日文化的专著，如《雪域气息的节日文化》⑥《西藏节日文化》⑦，两书描述了全藏区的传统节日，对于个别全藏性节日诸如过年、赛马、祭山神等分不同地区进行了对比论述，并介绍了部分地方性节日。

综合以上研究，可以看到，目前尚未有系统性论述安多藏区节日文化的论著。安多作为三大藏区之一，其特殊的历史地理位置使当地藏族节日文化呈现诸多有别于其他藏区的特征，这些特殊之处形成的历史背景值得我们结合当地节日文化作一番梳理；另外在以往论著中多以全藏区为论述对象，也难免会遗漏诸多地区性节日，这也是本书试图加以拾遗补阙的。

三 研究方法与思路

本书主要运用文献研究和实地调查相结合的方法。首先，笔

---

① 伦珠旺姆、昂巴：《拉卜楞地区山神崇拜之历史渊源及文化现象分析》，《西藏艺术研究》1996年第4期。

② 南文渊：《藏族神山崇拜观念浅谈》，《西藏研究》2000年第2期。

③ 周拉：《略论藏族神山崇拜的文化特征及功能》，《中央民族大学学报》（哲学社会科学版）2006年第4期。

④ 谢继胜：《藏族的山神神话及特征》，《西藏研究》1988年第4期。

⑤ 肖建春：《论青藏地区民族节日的广告效应》，《成都理工大学学报》2007年第2期。

⑥ 尕藏才旦、格桑本编著：《雪域气息的节日文化》，甘肃民族出版社2000年版。

⑦ 林继富编著：《西藏节日文化》，西藏人民出版社1993年版。

者参阅历史典籍，了解各时期安多地区发展的历史，阅读藏传佛教书籍，了解佛教节日的形成背景。其次，开展实地调查，笔者两次深入卓尼藏区，多次前往拉卜楞藏区调查，通过访谈形式了解当地节日状况，并对节日产生发展的环境有较为直观的体验；笔者还到天祝进行调查，获取山神祭祀及当地过年习俗的一手资料。此外，笔者还借鉴了一些其他学者实地调查的一手资料、调查报告等。总之，本书在前人研究的基础上，着力收集相关资料，以安多地域历史发展脉络为背景，有针对性地剖析安多藏族传统节日的发展过程及现状，并收集整理以往论著中较少提及的某些安多藏族节日。

需加说明的是，学界以往曾依据不同标准将藏族传统节日划分若干类型，笔者为方便研究，将目前所统计的安多藏族传统节日主要分为民俗节日与藏传佛教节日两大类，见表 1 - 1。

表 1 - 1　　　　　安多藏族传统节日概览

民俗节日	藏传佛教节日
新年	正月传召大法会
山神祭祀节日#	拉卜楞寺二月默朗小传召法会
圣水祭祀节日#	七月劝法会
赛马会	青海塔儿寺的四大观经
跳於菟	时轮金刚法会
尕巴节	九月禳灾会
德朵节★	居巴扎仓（续部上院）法会
采花节	居迈巴扎仓（续部下院）的法会
出僧官	丁科尔扎仓（时轮院）法会
瞿昙寺花儿	曼巴扎仓（医学院）法会
香浪节	吉多尔扎仓（喜金刚院）法会
道帏石帐节	燃灯节

民俗节日	藏传佛教节日
拉卜楞曲考仪式	转法轮节
佤顿节	迥降节
朗则祥隆节★	娘乃节
扎崇节★	卓仓桑吉曼拉节
贵德六月"拉伊"会	十世班禅大师圆寂日
临潭万人拔河节	亚乃（央勒尔）
青海东部藏区射箭比赛	沐浴周

备注：#号表示该类节日中仍有诸多以往研究未曾提及的地方性节日，详见本书第三章笔者的实地调查。★号所表示的节日概况主要来自新闻报道与电话采访。

　　本书针对安多藏族传统节日的研究正是基于以上两大类别展开的。不足之处，敬请方家批评、指正。

第二章 安多地区地理概况与历史沿革

第一节 安多地区的地理概况

安多（a mdo）是藏族史籍对东部藏区的称谓。在藏族史籍《西藏王臣记》中，从佛教的角度对这三部进行了描述："上方阿里之部，为大象与野兽之区；中间卫藏之部，为野兽与猿猴之区；下部朵康之部，为猿猴与岩山罗刹之区。而上部又为秃山与雪岭，中部为岩山与草原，下部为果树与森林等。"[1] 还有更为形象化的将藏区划分为卫藏法区、康区人区、安多为马区。对藏区这样的划分是自古以来在此扎根的藏族人民对藏区地名的文化解释[2]，那么在这样一种划分体系中对应于现代的地理区划，安多藏区包括了哪些区域呢？从安多区域名字的由来我们可以大致划定其范围，据藏族史籍《安多政教史》记载："自通天河之色吾河谷，北逾巴颜喀拉山，其东麓有阿庆冈嘉雪山与多拉山，据说是摘取这两座山峰之名的首字，合并起来把自此以下的区域称为'安多'。"[3] 结合这样的记载，对应现在的行政区划，安多藏

---

[1] 五世达赖喇嘛：《西藏王臣记》，刘立千译注，民族出版社 2000 年版，第 8—9 页。

[2] 切排：《华锐藏区社会文化变迁研究》，兰州大学 2002 年博士学位论文。

[3] 智观巴·贡却乎丹巴饶吉：《安多政教史》，吴均、毛继祖、马世林译，甘肃民族出版社 1989 年版，第 5 页。

区应该大致包括黄河上游、湟水流域、隆务河流域、大夏河流域、洮河流域、白龙江上游、阿坝河流域、白河流域、梭磨河流域、大金川河流域等，具体的行政区划有甘肃甘南藏族自治州，甘肃天祝藏族自治县，除青海玉树藏族自治州以外的全部青海藏区：青海果洛藏族自治州，海南藏族自治州，黄南藏族自治州，青海海西、海北、海东藏族等地区，以及四川省岷江以西北的阿坝藏族自治州的大部分地区，藏语安多方言也主要分布在这些地区。

纵观安多所处的藏东地区，地形地貌以高山河谷、多山多水而著称。自东向西比较大的江河就有岷江、大渡河、雅砻江、金沙江、怒江，通称"六江流域"，这六条江河自北向南奔腾而下，犹如一把把利剑，在峰峦叠嶂的山中劈开一条条南北走向的天然通道。江河年年不断的下切，造成现今这一带相对高差巨大的高山深谷地貌。基本上是两山夹一江或两江夹一山，山水相间，连绵千里，纵贯南北，构成了著名的横断山脉系统。地质学家认为，六江流域之所以群山结集南北走向，而且山高水深，是因为第三纪以来，印度板块向北推移，受到欧亚板块向南移动的对抗，这两大板块向东西两个方向寻求运力的释放。这种两个板块的碰撞、挤压的巨大水平运动，造成了这个地区一系列褶皱山系和深山断列；又因两个板块相撞，恰成45°角，使这个地区山水南北走向，横断了东西交通，故而又有横断山脉之称。① 藏东高山河谷区，总的地势西北高东南低，垂直地带性明显，自北向南倾斜。山体高度由北部的平均海拔为5000米左右，向南逐渐降到4000米左右，甚至两三千米。整个地区大体可以分为南北两部分：北部包括阿尼码卿山、祁连山、巴颜喀拉山、唐古拉山和念青唐古拉山等东部的边缘地带，大部分是浅切割的山地，其上面保留了平坦的高原夷平面，尤其是河流的上游有宽平的谷地和

---

① 格勒：《藏族早期历史与文化》，商务印书馆2006年版，第21页。

盆地的发育，河谷比较平缓，河床宽浅，水流缓慢，水道时而分岔，时而弯曲，沿河两岸一般多有良好的牧场供畜牧业发展；南部包括云南滇西的一部分地区；川西北阿坝州的小金、汶川、理县等，还有甘青的湟水、夏河、洮河、白龙江等河谷农业区。上述地区大都属于高山峡谷地带，间以冲积的小盆地和冲积带，是发展农业的好地方。

从宏观上看整个地区，北部隶属于青藏高原高寒区，地势高，受印度洋暖湿气流的影响减少，因此气候偏于干燥，人口也稀少；南部属东部季风区，河流众多，地势低，河谷深，来自印度洋的高温暖湿气流与南下的冷空气在此相遇，在悬崖峭壁的崇山峻岭中强迫抬升而造成大量降水，与北部干寒的气候形成鲜明的对照。如果我们以植被和土壤为重要标志，并结合湿度、水分、雨水的分布变化来划分垂直自然带，即把地貌、气候、植被三者结合观察，安多地区从北向南大体包括：高山寒冻风化带与高山冰雪带、高山寒带稀疏垫状植丛带、亚高山亚寒带灌丛草甸带、山地高温带暗针叶林带、山地暖温带针叶阔叶混交林带、山地亚热带常绿阔叶林带等。

多样性的生态环境孕育了安多多种经济形态的共同发展：在昆仑山以北、羌塘东缘、唐古拉山区高寒风化带，这里植被稀少，气候严酷，农业在这里无法大规模发展，只有零星少量的牧业，这些地区自古人口稀薄，主要是世居于此地的游牧民，经济以游牧文化为主，节日文化保留原始信仰的因素也较多，如山神崇拜、万物有灵观念等。从昆仑山向东南沿青海湖沿岸周边到日月山地区，甘南东南部、阿坝州大部分地区分别属于高山寒带稀疏垫状植丛带和亚高山亚寒带灌丛草甸带，这里有宽广的大草原，巍峨的雪山孕育的条条滋养草场的河流，美丽的金银滩大草原、达九滩大草原、松潘大草原就分布在这一地区，这里成为发展牧业的好地方；进可攻，退可守，又成为兵家必争之地。角逐于这一地区的游牧民族为这一地区文化发展注入多民族的文化因子，使该地区的文化呈现与其他藏区不同的文化特质。从日月山向东、南、东南方向延伸，包括海东地区、甘南州北部、祁连山东段纵深地带，也就是青藏高原与黄土高原结合部的藏族地区，这里的气候较缓和，温差不大，是属于宜牧宜耕之地，农业兼营牧业是这里的常见生计方式。由于这一地区临近中原，受到汉文化影响较多，农业经济也是在中原农业发展的带动下演进的，节日文化也带有了浓郁的汉文化因素，比如过节所依的历法，普遍采用汉族的农历，节日的饮食、礼俗也多与汉俗相同。

这种多样化的"生态因子"影响了安多藏区民族文化的生态，使这一地区成为多民族、多种文化的发生和发展地，时至今日，该地区仍保持着以藏文化为主体，多民族、多语言的多元文化状态。

第二节　安多地区的历史沿革

安多这一地理概念以及区域界线是经历了漫长的历史时期形成的。从近代以来的考古发现看，早在远古时代这一地区就是古人类的发祥地之一。在这一地区发现的古人类遗址按时间顺序主要有马家窑文化、齐家文化、辛店文化、寺洼文化、卡约文化以及诺木洪文化遗址，这些文化遗址广泛分布在甘肃、青海，基本覆盖了现代意义上的安多地区。从学者们近几十年对这些文化遗址的研究我们可以看到，这些文化与内地中原文化有着诸多的联系，同时与青藏高原腹地发现的文化遗址也属一脉相承关系。在安多地区发现的马家窑文化以及在其基础上发展而来的齐家文化所出土的生产工具、房屋结构、生产技术以及反映出的社会组织结构，与中原发现的仰韶文化存在着明显的联系，马家窑文化也因此被称作"甘肃的仰韶文化"。① 而在西藏的聂木拉、那曲、

---

① 格勒：《藏族早期历史与文化》，商务印书馆2006年版，第157页。

林芝、昌都等地发现了类似马家窑文化的卡若文化遗址，这是迄今为止在西藏发现的年代最早的一处新石器时代遗址，据今推断为 4300—5300 年。卡若文化中的许多因素，如石器类型、陶器器形文饰、半穴居方式、粟类农作物、以穿孔海贝为人体饰品等，都可以在其北邻黄河上游甘青地区的马家窑文化、齐家文化中见到，因此，"卡若文化是一种吸收了西北氐羌系统文化而发展起来的土著文化"这一观点已经得到了基本认可。① 据这些考古遗址，我们进一步认识到，从远古时代以来，无论是地缘关系还是文化类属关系，安多地区都是青藏高原文化组成的一部分，同时又是青藏高原腹地与中原文化交流的纽带，生活在这里的远古居民是以后逐渐形成的安多藏族的重要基础，他们所创造的文化也被融入了后来的藏文化之中。

在早期汉文史料中，安多地区被用"西戎""羌方"这样一个模糊地理概念涵盖。"羌"最早应当是与中原人相邻的自称"sga"的部落或族群，被中原人用来泛称西部与中原文化不同的族群，到后来随着族群接触、交流的深入，细化为不同族称，如"发羌""牦牛羌""烧当羌"等，7 世纪后"羌"逐渐被"吐蕃""图伯特""西番""乌斯藏""卫藏"代替②。当时的羌方、西羌居住地大体上涵盖了现在安多地区，甚至比现在的安多地区还要广泛，羌人在西北地区创造了灿烂的远古文化，为安多藏文化的形成奠定了基础。

秦汉时期，随着中原王朝的东扩西霸，羌人的领地逐渐缩小西移，一部分羌人留居原地融入中原文化圈，另一些部族陆续南移西迁，以致羌人的足迹逐渐散布于青藏高原和天山南北、伊犁河流域的广大地区。留居河湟地区的羌人与入居的中原政权以及匈奴政权进行了一系列的抗争，到公元 5 世纪时被 4 世纪迁入的

---

①　石应平：《卡若遗存若干问题的研究》，《西藏考古》第 1 辑，四川大学出版社 1994 年版，第 86 页。

②　宗喀·漾正冈布：《卓尼生态文化》，甘肃民族出版社 2007 年版，第 159 页。

辽东鲜卑慕容部吐谷浑部打败，而逐渐融合于吐谷浑部之中。吐谷浑统治时期，其疆域范围"自枹罕以东千余里，暨甘松，西至河南，南界昂城、龙涸，自洮水西南，极白兰，数千里"①。"甘松"即今天甘肃陇南地区和甘南藏族自治州白龙江流域以北地区；"河南"则是指黄河上游以南地区，包括今天的青海湟南藏族自治州和海南藏族自治州东部等地区；"昂城"，今天的四川阿坝；"龙涸"，今天的松潘地区；"白兰"在西藏东北、青海湖西北、通天河流域以东、松潘草原以西，相当于今天青海果洛、玉树藏族自治州一带②。这一区域也基本涵盖了后来的安多地区。吐谷浑在这一地区的统治从公元5世纪起到7世纪止，长达两百余年，在后来的吐蕃化过程中成为形成安多地区藏族的族源之一。

公元7世纪，崛起于雅砻河谷地区的悉补野部，经过几代赞普武力扩张，到松赞干布时征服了羊同、苏毗诸部，统一了整个青藏高原，定都罗些（今拉萨），建立了强大的吐蕃王朝。统一后的吐蕃政权加紧了西征东扩的步伐，吐蕃东扩最终延伸到中原唐王朝的领地，臣服于唐王朝的吐谷浑被击败或内服中原，或融合于吐蕃。吐蕃占领了河湟地区，其长达数十年的统治揭开了安多地区以藏族文化为主体多元文化共同发展的序幕。为了加强统治，吐蕃在安多地区实行了一系列行之有效的政策，使吐蕃的政治制度、社会组织、经济生活、文化习俗、宗教信仰等在很大程度上影响着当地文化的发展。吐蕃移居部落与吐蕃化的诸民族使安多吐蕃人口数量增多，据《宋史·吐蕃传》记载，五代时"凉州郭外数十里尚有汉民陷没者耕作，余皆吐蕃"；《新五代史》记载后晋天福三年（938），高居海奉使于阗，沿途"自灵州渡黄河至于阗，往往见吐蕃族帐，而于阗常与吐蕃相攻劫"③；

---

① 《北史》第96卷《吐谷浑传》。
② 格勒：《藏族早期历史与文化》，商务印书馆2006年版，第258页。
③ 《新五代史》第74卷《于阗传》。

陇东地区也有不少吐蕃人分布。这些吐蕃部落以及吐蕃化的诸族成为以后安多藏族形成的重要基础。

与吐蕃鼎盛时期对安多地区实行的武力外化相比，到了后期，吐蕃采取一些怀柔政策，笼络外族贵族，授予官爵，适当限制蕃人对外族的迫害，保护留居外族的权益，以逐渐达到内化作用。随着藏传佛教在安多地区普及，这一内化作用更逐渐加强。共同的地域、共同的语言、共同的宗教信仰以及建筑在此基础上而形成的共同的心理素质与风俗习惯，安多藏区的基本特征初步形成。在这以后虽然吐蕃政权土崩瓦解，但是割据安多的各方势力仍然以吐蕃贵族后裔为旗帜，各割据政权为了招徕吐蕃旧部，极力表明自己为吐蕃正朔，推行吐蕃化的管理，广泛提倡藏传佛教，吐蕃文化在当地得到了进一步发展。

元朝统治时期，安多地区结束了分裂割据局面，纳入中央版图。这个时期增加了安多地区的民族数量，改变了安多原有的民族结构，是安多向着多民族、多元文化迈进的发展时期。首先，大量蒙古部落安居驻牧在甘青广阔的草原上，这些蒙古部落改宗信仰，皈依藏传佛教，就是本族的文字也依藏文文法制定，接受藏文化的熏染；同时在客观上，蒙古文化因素也融入了藏文化中，如服饰的影响，蒙古索夏帽至今仍流行于安多地区，民国时期，顾颉刚在考察甘南后记述："附近为番民住区，故来观者皆番民。番女辫结分别妇……穿蒙古装，富有健康美"①；蒙古的语言词汇在现在安多方言中仍占一定比例。这样的影响也会深入到节日文化中，这一问题将在后面章节中详述。随着蒙古部落同期进入安多地区的还有大量信仰伊斯兰教的穆斯林民族，他们固有职业或为商人或为工匠，一旦定居下来为了生存就会重操旧业。他们中的建筑工匠为河湟安多地区的寺院建筑增添了新的元素，至今河州的砖雕在安多藏传佛教寺院如塔儿寺、拉卜楞寺中

_____

① 顾颉刚：《西北考察日记》，甘肃人民出版社2002年版，第216页。

都是主要装饰物，安多藏式民居中也可以看到这样的砖雕；穆斯林的清真食品，尤其是面食、面点为当地藏族人广泛接受，炸油香、馓子、油果子成为藏家节日喜庆时期常用宴品；牛羊肉的烹饪方法也接受了清真做法，黄焖、卤烩，添加茴香、大料、桂皮等香料，而这在早期的藏族饮食中是不多见的，乃至当地一直流传着一句老话："（回回）的饭能吃，话听不来（饭好吃，话听不懂）。"善于经商是当地穆斯林得以长久定居此地的重要因素。经商使他们不但能立足自保，而且还繁荣了当地经济，使他们居住的地区在历史上一度辉煌，成为内陆旱码头和货物集散地。在他们把不同地域、不同民族和牧区、农区的货物进行交换的同时，不同的文化也承载在货物上，在经商的过程中传递到各个地方，所以，在安多地区居住的穆斯林不仅以自己的文化影响着藏区人们，同时也把其他民族文化因子传播到藏区。这些穆斯林民族插花式的居住于安多藏区各部落之间，衔接着各个不同的部落以及农区和牧区，同时又是汉族文化圈与藏族文化圈的结合部。这样一种特殊的民族格局分布造就了安多地区藏文化特殊性，以及多元文化共存的现象。

明清时期，安多地区文化的发展主要是在已形成的这种民族格局框架内进行的。明朝治理安多藏区采取划分西番诸卫独立区域，互不领属。宗教方面也实行多封众建，支持各派系的发展。这样安多地区各藏族部落在相对独立的区域内发展，各自拥立不同的宗教派系，使安多各藏族内部文化的发展趋于不同，形成"五里不同俗，十里不同天"的局面。直到清朝时期，格鲁派在藏区的主导地位确立后，安多地区大部分寺院也改宗黄教，形成了较为统一的政教领导，但是由于特殊的地理位置以及政治形式，改宗的格鲁派以及政治统治者也采取适应策略，吸收安多地区原有的文化因子，以此来吸引更多信仰者的支持，稳定自己的统治。在汉藏结合地区吸纳汉文化因素，以调和汉藏信徒关系，比如甘南地区的关公信仰，把汉族人极为崇拜的关公作为藏区的地方保护神立在黄教寺院中与其他藏传佛教神灵一起供奉；在藏回聚居区更多的适应穆斯林的习俗，不采用猪肉作祭品，比如临潭、卓尼地区的节日庆典；在藏蒙杂居区多吸纳蒙古元素，强调蒙藏一家的关系；在处理与藏传佛教其他教派关系时也体现兼容并序、和睦相处的态度，比如拉卜楞寺与附近的红教寺院关系，红教的主护法神被奉立在拉卜楞寺院中护法，在每年民众的祭祀仪礼上黄教红教僧人共同出席，念诵各自的祈文。

这些都显示出安多文化的特殊性，诚如周星先生所说："各民族或各集团，在长期的相互交往、冲突与影响下，彼此相互依存而共生，文化上相互借鉴与渗透，从而形成若干相似性，这种具有一定程度的相似性，既表现在物质文化上，也表现在各种礼仪、信仰，某些民间创作与民俗生活方式之上，但这是建立在多样性基础上的相似性，它既不能妨碍也不能湮灭各民族在语言、民族特征与社会经济发展水平上的种种差异。"①

---

① 周星：《黄河上游区域多民族格局的历史形成》，载费孝通主编《中华民族研究新探索》，中国社会科学出版社1991年版，第379页。

第三章　安多地区藏族民俗节日研究

第一节　藏族年俗(洛萨儿 lo gsar)

一　历史溯源

　　最早的节日大多与节令、节气、气候变化直接相关，与历法的产生密切联系。年俗就是这样的节日，每个国家、每个民族甚至不同的地方都有自己的年俗节日，时间大致都在冬末春初，万物复苏之时。藏族年俗与自身历法的产生、发展紧密联系，根据不同历法形成了现在藏区各地不同的过年时间以及特色各异的年俗文化。如在拉萨把藏历一月一日作为新年，昌都以藏历十一月一日为新年，日喀则的新年从藏历十二月二十九开始，藏北以十二月三十日为岁末，而工布除夕在九月三十日。安多地区普遍采用汉地的农历历法，因此新年的时间基本与汉地相同，但是年俗方面各地保留着自己独特的风格。这种风格中蕴含的藏传佛教因子（包含佛教化的苯教仪轨）成为节日文化的核心内容，这正是与西藏腹地年俗紧密联系、内核更为贴近的重要原因；而安多特殊的地域文化、历史发展又使包裹核心内核的表文化呈现多元特征，这里既有前吐蕃时期氐羌文化表现，又有数次民族大迁徙、大融合时期多民族文化历史积淀的痕迹，如吐蕃、汉族、蒙古族、吐谷浑、回族等。这些文化印记或是同根同源不同发展形式文化的汉化或是先进文化中部分因子的借鉴整合。安多藏区运用农历就是受汉地农耕文化的影响逐渐形成的，诸多历法节日表现仪式也在交流借鉴中留下些许历史痕迹。以下以历法、民族融合以及藏传佛教的演进为主线，探索当地年俗文化的形成发展及其基本特征。

1. 前吐蕃时期

从安多地区考古遗址及文字记载分析来看，当地的经济生活是以游牧狩猎为主的生计方式，狩猎生活贯穿整个原始社会时期。从后期越来越丰富的遗址墓葬出土品中，可以想象到，随着生产力的不断发展，人们拥有了更多剩余劳动产品，劳动技术的改进让人们逐渐从生物圈中分离出来，精神世界随之日渐活跃。反映精神生活典型例子的是人们对美和快乐的追求，对美的追求体现在墓葬中骨制、玉制、金属质地的装饰品的大量出现：在马家窑文化中，发现有数目可观的串珠，最多处可达一两千颗，这些串珠出土时多放置头部、颈部、胸前，作项链和胸前佩饰之用。齐家文化遗址中发现有铜刀、铜指环、铜饰品、铜锥、铜环、骨锥、骨刀、绿松石饰物、串珠、石壁等装饰品，还有许多海贝、石贝等小件饰器物。对快乐的追求驱动着人们创造了歌舞、娱乐的欢庆节日，狩猎劳动之余，先民们相聚欢庆模仿鸟兽形态，再现了猎人的英勇和胜利的喜悦。在安多地区先民遗址中发掘的彩陶图案中，也有描绘歌舞欢庆的场面：沉睡于地下达5000 年之久的青海大通上孙家寨舞蹈纹彩陶盆，盆内壁上层，有四道平行的带纹，上面绘有三组手拉手在表演"集体舞"的舞人，他们辫发一式垂于左侧，尾饰则一式甩向右侧，面向一致，走向一致，步伐整齐划一，向左旋转而舞，动作和谐，表明这种欢庆舞蹈在氏族社会已经成熟，这种众人连臂踏歌的歌舞形式与现在藏区节庆活动中常见的"果卓""堆胁"极为相似。[1] 青海

---

[1]　青海省文物管理处考古队：《青海大通县上孙家寨出土的舞蹈纹彩陶盆》，《文物》1978 年第 3 期。

宗日出土的舞蹈纹彩陶盆，内壁两组着裙女舞人，舞人的服饰形象很特殊，学者用文化符号学方法分析了其深层内涵，认为此舞蹈盆是古代的巫书，也是历书，不同形态的舞人数字及符号意义与中原的二十四节气、古老的"九巫""十辉法"有很深的渊源关系，反映了与汉地历法相关的拜日祭祀仪式。① 甘肃天水秦安大地湾出土的 5000 年前仰韶晚期的地画，三个（其中一个形象已模糊）裸体的先民，右手执棒，两腿交叉，脚尖翘起，正在起舞，而这种舞姿具有左右晃动、两足重心左右互换的特点；头发甩向左侧以表示舞蹈动作的激烈和豪迈；下面两个爬虫，根据地画的位置在房基正中的火塘正前方，反映了原始祭祀的习俗。这种专门用于氏族会议和祭祀的"大房子"的出现，说明它已初具宗庙的雏形。联系到笔者在考察甘南等地藏族村落时见到的"萨康"（见书前插图，图一），汉语译为公房，其作用类似于这种大房子，一般在过年时村中的人汇聚在这里歌舞欢庆。从这些遗址反映出来的信息可以推断，在远古时代，安多先民就形成了类似年俗的欢庆节日，大家聚会在一起歌舞娱乐，分享劳动成果，将猎得的动物进行集体均分以度过漫长寒冷的冬季。至于这一类似年节萌芽的时间则很难确定。这是由于先民依据的是凭借长期观察日出日落、动植物的生长、季节气候的显著变化而总结出的后期所谓"物候历"来安排生产生活。藏族有个古老的谚语说："观察禽鸟和植物是珞门法，观察星和风雪是羌塘法，观察日、月运行是苯象法，观察山、湖、牲畜是岗卓法"②，现在甘南等地，老人们仍以河水结冰时间来对比日历中节气的准确与否。依据这样的物候历，年俗的时间自然也很不确定，岁末岁首的划分或者是狩猎动物和驯化豢养家畜肥壮期，或者是以后农业生产的

---

① 霍福：《青海宗日舞蹈盆的文化符号学分析》，《青海民族研究》2005 年第 3 期。

② 黄明信：《藏历漫谈》，中国藏学出版社 1994 年版，第 10 页。

收获日①。

秦汉以来，中原文化逐渐加快了渗透的步伐，安多地区成为中原王朝军队的驻屯基地，以此来抵御西面、北面游牧部落的侵袭。时局稳定后，接着就是阶段性的移民，规模也是逐渐扩大，安多周边开始进入民族融合、汉文化与原初文化交叉碰撞时期。汉族农耕文化在诸种文化中较易被接受采纳。《后汉书·西羌传》记载秦厉公（公元前476—前433年）时期"河湟间少五谷，多禽兽，以射猎为事，爰剑教之田畜，遂见敬信，庐落种人依之者日益众"。爰剑传授的田畜应为汉地农业文化，这为以后汉地移民从事农耕奠定了基础，也说明原驻民对这种文明已不再陌生。

随着农耕文化的介入，与农业紧密相连、指导农事活动的中原历算也同时被采纳，这大概也是安多地区运用汉地历法的肇始。在笔者采访拉卜楞地区下塘那禾村居民时，访问到历法的使用，一位老人向我们描述这里的历法是唐朝文成公主带入的，从那以后，当地就一直使用农历了。② 老人还向我们提到了一个比较有意思的现象，就是近两年年历的变化，他给我们看了家中的台历，往年台历上会显示三种历本：藏历、农历、公历，而农历在前、公历中间、藏历在后；现在变为藏历在前，公历不变，农历放在后面（见书前插图，图二），而且藏历条目下写得很清楚哪天有什么节日、什么禁忌，公历和农历则没有写，所以有时会错过农历的一些重要日子，这位老人感到很不适应。这反映当地农历的使用已经在百姓心目中根深蒂固了。至于老人说的从文成公主入藏时开始使用汉历，笔者认为这应是正式的历本通过官方途径的传播时间，而两族百姓有关历法习俗的民间交流应该至迟在秦汉就开始了。秦汉之际，中原民间常用历法已经在驻屯的军士以及移民百姓口传身教中传入了安多地区，至少是在部分汉羌

---

① 《新唐书》第216卷《吐蕃传》载"其俗以麦熟为岁首"。
② 笔者2008年12月在夏河访谈下塘那禾村长（藏族）资料。

杂居区流行；若在唐朝才传入较为成熟的历法，那么唐以前的历法仪规应该不会在安多留下太多痕迹，而且唐蕃时战时和也会影响刚传入的历法普及。如果不是长久以来习惯了使用汉地历法，唐历法很可能被吐蕃统治时期的苯象法以及后来藏传佛教时轮历所取代。但相反的是，在安多建立的大量佛教后宏期寺院，基本上都顺应当地信众长久形成的历法习惯，也都以农历安排公开的佛教活动，只是寺院内部又并行着藏历法，一些不公开的密宗法会又以时轮历的星宿记月法为准，比如角宿月修行法会、氐宿月修行等。在各寺院寺志中也多见以农历和藏历记事。足见汉历的使用由来已久，深入民心。

　　唐朝之前的历法或者历法衍生的某些仪式在安多也留有某些痕迹，比较典型的例证，是中原早期的春牛经在安多地区的使用，以及现在属古羌人南迁融合当地人而形成的一些羌系民族中类似仪式的遗留。春牛经最早源于"行春之仪"，起源很早，在周公时"制立春土牛"，这种礼俗是以农业为本的中原王朝为了劝课农桑，鼓励人们辛勤耕作而订立的仪式，早先王者要身先士卒牵引耕牛下地扶犁耕作，以为楷模示范，还有对耕牛的酬祀仪式，担当着指导农事的历法作用。[①] 云南、川西北高原是早期羌人南迁地，由于崇山峻岭、远离政权统辖，这里在新中国成立初期还保留着很多氏族公社制度习俗，古老的习俗也更能体现历史的遗迹，彝族、苗瑶等族都保留有有关牛的节日，如"牛魂节""开央节"等[②]。另外，在甘肃南部博峪藏族农历二月二的调牛节也多少反映了行春仪式的内容；[③] 青海省湟中县西堡镇葛家寨村每年三月十日进行一场民间文艺表演活动，当地人称为"出僧官"，也有人俗称为"喇嘛社火"，节日戴着牛头面具（只有牛

---

　　① 聂鑫森：《走进中国老节日》，湖南美术出版社 2005 年版，第 24—25 页。
　　② 张建世、范勇：《中国年节文化》，三环出版社 1990 年版，第 34 页。
　　③ 甘南藏族自治州地方史志编纂委员会编：《甘南州志》，民族出版社 1999 年版，第 1772 页。

头面具的表演，不同于其他"跳欠"，有多种角色参与）手舞足蹈、摇头晃脑、左移右转，还不时"顶牛""跳欠"，与春牛经仪式相似，时间上也更接近立春日。至于这些节日的渊源，当地人也说不上来，只知道祖辈就有了。从这些节日的形式与内容来看，与汉地农业文化的联系比较紧密，可以反映早期汉文化以民间交流的形式留存在当地文化的遗存中，民间百姓间的逐渐渗透比统治阶级强权的推行要稳固得多，也会更长久地保留下来。

因此，笔者认为至迟在秦汉时，随着军队的驻屯、移民的定居，安多地区原有文化与中原农业文明相互交流结合，在农业区与牧业区中间地带存在的半农半牧区经济带的范围越来越大，这些半农半牧区就是汉羌文化交流最频繁、最深入的地带。安多地区在接受农耕生计方式的同时，伴随着的副产品——节日、仪式也会逐渐以相互参与共同庆祝的形式流传下来，随着族际间的通婚，这种文化表层的交流进一步深入血脉中，通过世代相传的血缘纽带固定为当地理所当然的本民族文化因子。

2. 吐蕃化时期

隋唐以来，兴起于雅垄谷地的吐蕃政权通过战争、和亲、会盟等方式，势力逐渐渗透入安多地区。原本同根同缘、地域相连的吐蕃文化更易于被当地民众接受。在安多流传着阿尼玛钦神山的传说：阿尼玛钦被父亲派往安多时，父亲嘱咐："千万记住对头上有辫子的人要有慈父一般的感情；对背上有装饰品（天祝朵老人讲述这个装饰品是由箭袋演变而来）的人要有慈母一般的感情；对与你同龄的年轻人要有兄弟一般的感情，只有这样你才能得到当地人的信任和帮助，你的事业才会成功"。① 这个传说也反映安多先民与吐蕃有很深的渊源关系，成为吐蕃进驻安多有利的族众基础。

这一时期奠定了安多地区藏文化成为后期主导文化的格局基

---

① 笔者 2008 年 1 月在天祝采访朵老人资料。

础，为后宏期藏传佛教在安多的广布，为继吐蕃化之后更深层次的安多藏族形成提供了条件。从人口方面来看，原来的本地土著居民，加上吐蕃征战留守的将士及其迁居来的整族部落与属民，以及当地被吐蕃化的汉、回、吐谷浑等民族，当时吐蕃的族众已占绝对优势。这在节日文化上则表现为，当地年俗至今还保留着许多吐蕃文化早期苯教的传统。苯教在当时还占据宗教统治地位，在吐蕃的东征军队中往往要带苯教祭师，军队每次打仗都要祭师占卜、酬神、鼓舞士气①；吐蕃移民的部落也会带来许多苯教祭师，因此在吐蕃占领安多时期，苯教力量在安多得到加强，苯教的祭祀仪规比如煨桑、放风马、插箭、血祭以及供奉羊头和用羊毛酥油粘在酒碗边敬神、供奉酬神朵玛等习俗，也进一步深入当地百姓的生活中一直流传下来，这些年俗无论是在现在的城区、农区，还是在牧区的过年仪式中都可以见到；而在牧区、半农半牧区保留得更为完整。安多地区的地域环境，原初的文化基础以及吐蕃强制实行的蕃化政策，都构成了藏文化在安多地区逐渐形成主导性地位的历史前提。可以说，吐蕃长期的统治及强化政策对于安多地区后来的民族格局形成起到了至关重要的作用。

吐蕃分裂以后的安多地区处于不同民族政权交错割据之中，安多大部仍为吐蕃贵族统治，这一时期也就可以看作吐蕃化的持续阶段，毕竟各吐蕃贵族还是要极力弘扬本族传统文化习俗，尤其是还从事着游牧业的部落。但"族种分散，大者数千家，小者百十家，无复统一"②的政治局面，又使这些贵族为了生存，为

---

① 如《太平广记》"吐蕃"条引《咸通录》载，唐贞元中吐蕃大兵马使乞藏遮于青海阵亡，当时"有百余人，行哭随尸，威仪绝异。使一人立尸旁代语，使一人问：'疮痛乎？'代语者曰：'痛。'即膏药涂之。又问曰：'食乎？'代者曰：'食。'即为具食。又问曰：'衣乎？'代者曰：'衣。'又问：'归乎？'代者曰：'归。'即具舆马，载尸而去。译语者传也。"文中描述的异礼，其实就是由苯教师举行的还魂仪轨，用以超度亡灵。李昉等编：《太平广记》第 480 卷，中华书局 1961 年版，第 3957页。

② 《宋史》第 492 卷《吐蕃传》。

了抵御其他政权的威胁，与中原王朝保持着良好的互动关系，各取所需，中原的茶、农产品、手工制品等运入该地区；宋朝军队所需的战马绝大多数来自安多，贸易之大乃至形成经久不衰的茶马互市。① 在此基础上，安多吐蕃部落与中原的友好往来较前代有了进一步发展，大量汉人流入安多地区，蕃汉百姓"合种口苗"或"租赁合种蕃部地土"②；彼此还相互通婚③。这时期的民族融合是自觉自愿，较吐蕃统治时的强令实行更能使双方的文化互相渗透与结合。这些交流一直影响到现在安多地区藏族生活的各个方面，比如服饰材料绸缎及夹金织锦的广泛使用；民居方面，农区定居的藏族聚落的房子结构、材料、样式大体接近汉式，尤其是在青海海东地区、民和、乐都等地；反映在精神文化层面上，汉地的神祇也被藏族民众接受，比如青海海南贵德、共和、海东化隆等地的藏族人特别崇信文昌帝君，当地藏语称之为"阿米约拉"。④ 这些地方的文昌帝君庙香火很旺盛，有些学生在升学考试时常去祭拜，求神灵保佑通过考试，可见，文昌帝君的职责并没有大的改变。还有些地方以杀山羊或鸡的方式向文昌帝君行"血祭"，这体现了藏族古老的祭祀仪式与汉文化的结合。另外，甘南夏河藏族地区的关公信仰，藏传佛教高僧还专门为关公撰写了《关老爷祈愿法》，定制了祈祷仪规。⑤ 汉文化的影响同样反映在年俗文化上表现为，现在安多某些藏族地区过年的习俗里保留着与其他藏区不同的汉文化传统，比如在安多的华锐华秀地区，比较甘南等地的年俗又有诸多不同。据笔者调查天祝藏

---

　① 汤开建：《宋金时期安多吐蕃部落与中原地区的马贸易》，载汤开建《宋金时期吐蕃部落史研究》，上海古籍出版社 2007 年版，第 350—386 页。

　② 徐松：《宋会要辑稿》第 185 册《兵二七》。

　③ 汤开建：《唃厮啰统治时期青唐吐蕃政权历史考察》，载汤开建《宋金时期吐蕃部落史研究》，第 208 页。

　④ 才让：《藏传佛教信仰与民俗》，民族出版社 1999 年版，第 131 页。

　⑤ 才让：《藏传佛教中的关公信仰》，载王继光主编《中国西部民族文化研究》，民族出版社 2003 年版，第 443—455 页。

族自治县城区，农区部分藏族有在年三十晚上吃年夜饭前祭祖上坟的习俗，有的还在家中摆放祖先灵位。上坟时如果祖坟近的直接在坟头烧纸钱，供菜肉水果等（一般是在做年夜饭时专门留出来的），酒水直接洒敬在坟前；如果祖坟远，就在野地或者自家的田地里画个圈，朝着祖坟的方向祭拜，在画好的圈里烧纸钱。①比较有意思的是，在一些汉藏通婚的家庭，祭祖时经常分开进行，藏族一方朝着西面祭拜，汉族朝东面祭拜。这里，无论是烧的纸钱还是祭拜的方式、时间都显示汉文化的影响，这样的年俗在甘南等地藏区比较少见。再比如青海海东地区有过小年的习俗，据调查当地部分藏族在腊月二十四过小年，而汉族一般在二十三过小年，据当地人的解释是：他们的灶神是骑马去的，所以晚一天也可以赶上。②而据考证，汉族小年习俗由来已久，段成武《酉阳杂俎》中就有详细的记载。最初的小年习俗是在腊月二十四，宋朝时就有二十四小年记载："二十四交年……贴灶马与灶上，以酒糟涂抹灶门，谓之醉司命。"（《东京梦华录》）范成大《祭灶词》写："古传腊月二十四，灶君朝天欲言事。云车风马小流连，家有杯盘丰典祀。猪头烂熟双鱼鲜，豆沙甘松粉饵圆。男儿酌献女儿避，酹酒烧钱灶君喜。"后来才改为腊月二十三过的③。这也说明小年习俗传入当地由来已久，保留了前代的习俗。

3. 后宏期藏传佛教对当地年俗的影响

藏传佛教在诸多高僧的努力下，在安多地区奠定了广泛的社会基础，成为政教合一的精神领袖。虽然安多处于多民族发展时期，但区域内的蒙古族、土族、裕固族、部分汉族、回族与藏族同样被纳入了藏传佛教文化圈中，这一核心信仰弱化了各民族自

---

①　笔者2008年1月在天祝调查访谈资料。

②　张海云：《贡本与贡本措周——塔尔寺与塔尔寺供施关系演变研究》，兰州大学2009年博士学位论文，第146页。

③　汪金友：《中外节日掌故》，中国社会出版社1990年版，第186页。

身文化的影响力，使藏文化在多元文化发展中居于了主导地位。

早在达玛灭佛时期，遭到迫害的藏传佛教高僧陆续来到安多地区寻求发展①，以原来的佛教寺院及信徒为基础，他们逐渐在安多藏区站住了脚，藏传佛教也在经历了各教派的纷争后确立了格鲁派的统治地位。安多各藏区黄教寺院林立，成为当地藏族人民精神世界的主导，佛教的文化因子渐次融入藏族人生活中，成为藏族文化的核心内容。诸多佛教仪规逐渐演变为当地藏族节日文化习俗，极大地丰富了节日文化形式。年俗在保留部分早期习俗基础上，添加了许多佛教内容，寺院僧人成为年俗仪式的主导者，佛教的仪规也逐步融进年俗祭祀仪式之中：如过年前用白灰在院墙和门上画佛教吉祥符号；除夕夜闻寺院法螺声起来煨桑，也多用佛教提倡的白桑；还要从河里运回冰块，放在房子的四周，屋顶四角，当地人解释这是佛教中以净水供奉的仪式，这样能够祈求佛祖保佑去病禳灾（见书前插图，图三）；初一要早早赶到山上放佛教图案的风马，立嘛尼经幡；过年村寨人聚在公房中歌舞欢庆，首先唱"噶儿"的歌曲，前三段开场白，第一就是要赞美佛祖、神灵，第二是祈祷世界安宁和平，第三才是祝愿各家吉祥幸福。② 从初三开始的年节活动基本以寺院法会为主，大传召祈愿法会、驱魔节、亮宝节、晒大佛、放生节、观经法舞、酥油花灯展，从初三到十五接连不断，成为年节习俗的重头戏，这些仪式吸引了各地藏族民众来到寺院参观、朝拜、礼佛。藏传佛教成为藏族年俗的核心内容，这一年俗不仅融合藏族古老的传统习俗，而且还以佛教的教义与世界观加以解释、完善，形成现在内容丰富、形式独特、别具一格的藏族年俗文化。在笔者的调查中有这样一种感受，一般藏族居住区周围如果有影响比较大的藏传佛教寺院，那么藏族民俗文化的传统性保持的就比较

---

① 智观巴·贡却乎丹巴饶塞：《安多政教史》，吴均、毛继祖、马世林译，甘肃民族出版社1989年版，第22页。

② 笔者采访自夏河下塘那禾村村长。

好，这也可以说明寺院在年俗节日中的重要作用。

至于年节的时间仍然还是依据农历，而11世纪进入藏区，后来普遍在西藏实行的时轮历却并未在安多地区产生太大影响。因为后者如果要在安多立足，对于习惯了汉地历法的安多藏族百姓来讲，要接受这种新历法不但需要强有力的统一政令的推广，而且需要长久的实践时间。这两个条件在当时都不具备。

首先，从实践时间方面看，《时轮历》自公元11世纪进入西藏后，也是经过了藏族学者的翻译、研究、发展，以此为基础结合藏族实地情况和旧有的历法改编为藏地历法。《时轮历》的引入和运用也经历了一番波折，开始时藏族的学者们对其是真经还是伪经曾有过不小的争论[①]，到14世纪得到僧界广泛地承认，以后逐渐被普及到民间百姓生活中，其时间一定是在14世纪以后了。与汉历相比，时轮历的特点是，以月亮"望"时在二十七宿中处于哪一宿，或其附近来命名月份，叫作"望宿月法"。望（即满月、月圆的时刻）在角宿及其附近那个月叫角宿月，相当于农历的二月十六到三月十五，氐宿月相当于农历的三月十六至四月十五，以下依次为心宿月、箕宿月、牛宿月、娄宿月、昴宿月、觜宿月、鬼宿月，至星宿月相当于农历的十二月十六至正月十五、翼宿月相当于农历的正月十六至二月十五。这种方法现在西藏历法中仍在使用，比如，藏历节日萨噶达哇节，就是氐宿月修行的斋戒节日。而现在藏历的年首也定在了时轮历的角宿月，相当于农历的二月到三月。这样一种历法在西藏实行的较晚，在安多藏区的影响就更晚了，而且这种记月方法需要人们掌握星象学知识，这对于普通百姓来说很不方便，也就限制了其在安多民间的传播。

其次，从政权方面看，元、明、清统治者虽然对安多地区实行"因俗而治"的原则，但对于更为完善的汉历却极力推崇。元

---

① 黄明信：《西藏的天文历算》，青海人民出版社2002年版，第21页。

朝统治者因袭了汉历，并且打破汉族统治者的历法禁忌，将汉历精要、推算方法积极传入西藏腹地，藏族学者有机会接触汉历最核心的历算方法，所以西藏学者以时轮历为基础结合汉历的制润方法，采用了汉"无中气制闰"，解决了时轮历闰周不准确的矛盾。藏学家石泰安研究认为："现在和数世纪以来，西藏正式的年节就是汉人的新年期间，这肯定是在蒙古时代传入西藏的。这就是'国王新年'。"① 这个记述可以说明蒙元时期，汉历精髓传入西藏，但是认为年节就是汉历年是有偏差的。如前所述，以汉地年首在农历正月，而时轮历年首在角宿月，白羊宫宿日，而历日的推算不同导致两者年节时间或相同或差一天或一个月和一个月零一天②，另可参见本书附录二《藏历农历差异表》。安多属于中央王朝统辖下，汉历的推广更是便捷，安多曾使用过的一种称为霍尔历的历法，这一时期的霍尔就指蒙古，而霍尔历以寅月为正月，以正、二、三等序数纪月，以朔为月首初一日，这三条基本上是汉族的"夏正（夏历）"的办法，取这个名字也很好解释，正如前文所述，历来改朝换代，都要"易服色，改正朔"，前朝的历法都要修正完善重新定名颁行天下，哪怕是没做修改也要易个显示当朝威仪的名字颁布，蒙古统一中原，历法自然要体现本民族特色，对于百姓来说就习惯称之为霍尔历。

清朝时期，同样沿用汉地历法，并且加大了向蒙古族、藏族等少数民族地区推行汉地历法的步伐，这也使安多地区的藏传佛教高僧有条件对当时汉历进行全面系统的学习研究，安多使用汉历也进入一个新的历史时期。首先康熙帝亲自组织人员学习历法，然后把当时水平很高的明朝时宪历编写成《康熙御制汉历大全》，选拔各族人才来京师学习此历。此历算吸收了中国各朝各代历算实践经验和西洋先进历算方法，现在还在使用的农历就大

---

① 石泰安、耿昇：《西藏的文明》，中国藏学出版社 1999 年版，第 252 页。
② 黄明信：《西藏的天文历算》，青海人民出版社 2002 年版，第 90 页。

致是此历本。此历本先是被翻译成蒙文，后来五世达赖喇嘛在游历过北京后试图引进此历未果（这也可以反映出西藏腹地对汉历的排斥），后由他的弟子哲尊丹巴（蒙古贵族后裔）将时宪历蒙文本译为了藏语（此书在甘南藏族自治州拉卜楞寺图书馆中藏有手抄本）①，在这个翻译本问世 30 多年后，一位蒙古藏传佛教喇嘛钻研学透了书中方法，将之改编为藏区僧人能够接受的教课本向僧人们传授，以后又由马杨寺（在内蒙古与甘肃交界处）的索巴坚参改编为《马杨汉历要旨》（其历元为乾隆九年甲子，1744），此书在安多藏区普遍流行，但是从此到 19 世纪 60 年代，约 120 年间似乎是停滞在安多藏区，没有继续西传②。这以后甘肃省北部永登县红帽吉祥法苑的赛钦活佛，依据此书著有《汉历发智自在王》对其运算步骤的先后作了调整；甘肃西南部拉卜楞寺的图登嘉措著有《纯汉历日月食推算法·文殊笑颜》和《黄历编制法·文殊供华》，甘南麦许寺曲培著《日月食推算法·慧剑光华》和《汉历用表》等。这些学者的著作也陆续在安多藏传佛教寺院立院讲授，影响最大的是 1879 年，拉卜楞寺建立了欢喜金刚学院与时轮金刚学院并行，开译时宪历专修课，并且每年独立地编制《时宪书》在当地颁行。拉卜楞寺在安多藏区属寺林立，威望极高，历书的颁行也就普及到了属寺范围内，这也就更肯定了民间汉历的使用，但这一汉历是经过历辈藏族高僧改编的，适应藏区的历法，是更高层次的运用。自此形成藏区多数依据寺院卜定的时间安排生产活动的习惯③，较大寺院每年开春都要根据生产节气卜定具体的播种日期有些寺院将一年内的主要生

---

① 黄明信：《西藏的天文历算》，青海人民出版社 2002 年版，第 102—103 页。

② 同上书，第 107 页。

③ 如《四川省阿坝州藏族社会历史调查》介绍若尔盖铁布沟的情况即是"每年春耕前格尔底寺说春的（相当于汉区的春官），要送信来说下种的迟早以及当年是否有自然灾害"，阿西茸藏族部落也是"无论春播或秋收均由喇嘛打卦决定日期"。四川省编辑组写：《四川省阿坝州藏族社会历史调查》，四川省社会科学院出版社 1985 年版，第 116、132 页。

产活动卜卦后张榜公布，农人照此执行①。寺院相关学院的僧人还要深入民间收集农事安排的失误与利弊，以验证历算的准确与否，为来年调整作准备。经寺院研究修订的时宪历本，再以通俗的、民众易于理解接受的卜定文告颁布，其作用与中原王朝颁行历年农书皇历类似，只是更符合当地实际情况。在这些藏传佛教高僧研究和推广下，汉历在安多运用由以往民间的约定俗成，逐渐转变为设立专门学科、学僧深入研究的历法。安多汉历的普遍运用与藏传佛教高僧的深入研究与推广密不可分。

4. 近代安多藏族年俗的变化

著名藏学家李安宅先生在《拉卜楞藏民年节》一文中细致描述了20世纪40年代当地年节情景，从中可以看出当地藏族年俗的些许变化，文称："在过去，藏民原来是以冬至节为年关的。自喜金刚院（结都扎仓）司夏历的制度规定以后，所有藏民始以夏历为正朔。"② 笔者对此年节时间的变化（始以夏历为正朔）理解有二：首先，笔者认为李先生所说的夏历是时宪历，狭义的夏历指夏朝时使用的历法，广义的夏历指中原王朝各朝各代使用的官方汉地历法统称，拉卜楞寺金刚学院开设的也是时宪历历本（在前面也有论述过了）；其次，为正朔是指由民间百姓间的交流成为以寺院为主的官方颁行，范围也更推广到先生说的所有藏民，这与笔者前面的论述相印证。

李先生的前一句记述"藏民原来是以冬至为年关"，也正反映了当地藏族受汉地民间比较古老的年关习俗的影响。自中国有史记载以来，冬至是非常重要的节气，《史记》载"凡候岁美恶，谨候岁始。岁始或冬至日，产气始萌。腊明日，人众卒岁，

---

① 张海云：《多元文化视阈中青海藏人的农牧业生产及习惯法规范探析》，《青海师范大学民族师范学院学报》2010年第2期。

② 李安宅、于式玉：《李安宅、于式玉藏学文论选》，中国藏学出版社2002年版，第31页。

一会饮食，发阳气，故日初岁"①，"武德初，定令：每岁冬至，祀昊天上帝于圆丘，以景帝配"②，以后各朝都依据此在冬至日祭天，宋朝翰林学士张璪曾反对改变历代的冬至祭天，言："先王顺阴阳之义，以冬至祀天，夏至祀地，此万世不可易之理。议者乃欲改用他月，无所据依。"③。至清朝："顺治八年，定元旦、冬至、万寿圣节为三大节。康熙八年，定正朝会乐章，三大节并设"④，万寿圣节应该是皇帝的诞辰日；所谓元旦，指正月，也称王者月，史书载："正月旦，王者岁首；立春日，四时之始也"⑤，而在民间，冬至就是与正旦王者新年相对的"百姓新年了"。现在老辈人常说"冬至大如年"，可见春节成为定制前，冬至的重要性，它就是除傩祭祀的岁末节气，而以往的岁末和新年也不相连。⑥ 藏学家石泰安记述西藏年俗："现在和数世纪以来，西藏正式的年节时间就是汉人的新年期间，这肯定是在蒙古时代传入的。这就是国王新年，确立在农历元月初一。但古代的'农业者的新年'也非正式的保留下来，一般确定在冬至。"⑦ 可以想象，国家意志的元旦"王者岁首"在民间百姓中形成定制是需要很长一段时间的，往往为了达到深入民心、与民同庆的目的，统治者会在这种国家庆典时大赦天下或减赋轻徭，但是中国幅员广阔，在较为偏远、皇威不及之地就会保留民间习惯的年节习俗，这也是造成各地年节时间差异的原因之一。安多藏区在民国时期仍保持以冬至为年节的习俗也再次印证了这一地区受汉族较早时期年节习俗的影响由来已久。

---

① 《史记》第27卷《天官书》第五。
② 《旧唐书》第21卷《礼仪志》第一。
③ 《宋史》第100卷《礼志》第三。
④ 《清史稿》第88卷《礼志》第七。
⑤ 《史记》第27卷《天官书》第五。
⑥ ［日］直江广治：《中国民俗文化》，王建朗译，上海古籍出版社1991年版，第64页。
⑦ 石泰安：《西藏的文明》，中国藏学出版社1999年版，第252页。

总体来说，民间习俗多以季节变化明显的四时为主要节日标志。民国时期的内务部主管朱启钤的调查采风也体现了民间百姓的这一传统："我国旧俗，每于四时令节（春分、夏至、秋分、冬至）游观祈献，比户同风。固作息之常情，亦张弛之至道。本部（内务部）征采风俗，衡度民时，以为对于此类习惯，警察、官吏未便加以干涉，即应明白规定，俾有率循。"① 由于民国采用公历，元旦就被运用到公历的一月，将农历的正月定为我们现在熟悉的春节，为符合民间的习惯还向总统呈递《定四时节假呈》："（1913 年）拟请定阴历元旦为春节，端午为夏节，中秋为秋节，冬至为冬节。凡我国民，均得休息，在公人员，亦准给假一天。"②这以后，春节的称法就保留到现在，而其他三节没有形成规定的称呼，还是保留民间百姓的习惯。安多大部分地区的年节时间保持了原有习惯，民国时期的春节制度在李先生调查期间没有反映出来，在拉卜楞寺属民村落，时宪历的元日新年制度得以持续。该地区接受春节这一称法大概要从 20 世纪 80 年代至今，随着广播电视传媒的广泛宣传，其成为举国同庆的年节。

二　安多藏区各地年俗仪式

李安宅先生曾对拉卜楞地区年俗仪式有过详细描述：

在过去，藏民原来是以冬至节为年关日，自金刚院（吉多扎仓）司夏历的制度规定以后，所有藏民始以夏历为正朔。在除夕那天，各家都将院子里外扫净、洒水，寺院要在各门口用白土画图案，门旁用纸糊上三角香斗，白纸为底，红纸为饰；装上灰以备插香。大门里与房檐下都挂上灯笼。

---

① 汪金友：《中外节日掌故》，中国社会出版社 1991 年版，第 82 页。
② 同上。

屋内佛龛披挂彩绸结，点上酥油灯。夜半以后，闻法螺声，全村齐起，燃着灯笼，香斗内插上三柱香，即到房顶上或院内已有煨桑墩的地方燔祭。燔祭即煨桑，在房顶上预备两个火墩，年以木柴、杂草、兽粪（牛粪）等为燃料作底，上面放上云杉枝，先向文神致燔祭，燃火墩之一，放糌粑，诵经文，用云杉枝蘸酥油奶茶，再将炒黑之青稞与白青稞混成一盘倒在火上，再致礼巾（哈达）一方，亦有再加水果等礼品者。文神祭毕，祭武神，燃火墩、放肉、注酒、献礼巾。如此，更将奶茶注入两墩与其四周，始毕。最后燃放鞭炮、欢呼，声彻全村。此时天尚未亮，各家带礼物到亲戚处拜年，各街道灯笼络绎不绝，欢声直至天明。

所祭文、武两神，都是当地的保护神，如土地神等。上塔哇的保护神（吉伯达禾），文者为煞勒迦褥，译言"白山神"。处元旦致祭外，六月十七日行插箭礼（罗卜则）。武者为其侍从莘勒禾，译言"勇者"插箭日为四月十一日。这两位神据说是嘉木样一世之徒香堪布所邀，命之保护上塔哇者。下塔哇的保护神，文者为下勒禾，译言"鸟爪"；武者为其侍从马吉占德尔，译言"胜敌金刚"……

藏民的拜年，似与内地不同，自己家内不拜，出外拜，也无叩首。轻重出入很大，由送一只羊到一撮花生或一个梨，普遍都附上一条礼巾。到初三早晨，又鸣法螺，上下两个塔哇的全体男子分别到两个公会堂（玛尼康）祭神。公会堂的神亦分上下塔哇。不过上塔哇的公会堂除了当地土地神以外，更有普遍的护法救主（公布）与吉祥天女（拉谋）。下塔哇的公会堂除了自己的土地神外，也有普遍的护法吉祥天女，祭礼亦有煨桑，加添的是一只放生羊，羊毛上追满彩条，并与身上注奶茶。群众在堂内宴会上，前者先举行，后者后举行。参加者盛装乘马，三五鱼贯而驰，马跑欢时发枪射击，次数越多越好。两村分两团体唱酒曲，每村各有若干家轮流邀请，一天至五六家。由此家至彼家的时候，在路上分班舞着、唱着。到门口，放鞭炮欢迎。门内一人持碗，碗边缘酥油粘着羊毛，碗内盛酒，进来一人，蘸酒弹一次。进来以后，或在院心，或在院内，设好小机，一排一排，形同西餐，两侧放垫子，每人席地而坐，机上摆着肉包子和糖果。最后喝酒。同时有人起来唱歌，先独唱后合唱，唱毕，群呼"扎喜"（吉祥），即散场。离门时，每人亦弹酒，与进门同。

年节初三开始后，还有两件事：一是少女上头，即女年至十七八而无丈夫者如此装束后与成年妇女一样。发后银饰或珠宝下垂及踵，是为上少女的笄礼。这样的人名"窝禾妈"。窝禾妈由幼女前导，盛装艳服拜亲戚，琴起都须送礼致贺。从此以后，待字闺中，以期正式婚姻亦可，既终身随意交接亦可。即便生了孩子，也不受歧视，无私生子之说。另一件事是少年妇女结队向机关要钱，一个村子为一队，年初三至初六止。要钱时，每处一二元至十元不等。被要者如在队中有朋友则戏谑备至，比不及满意的数量不散。要来的钱留等二月间在分会堂举行青年男女聚会唱情歌时用。

若论寺院，则除夕僧侣都平安睡觉，执事人半夜升经堂顶，吹号筒及喇叭守旧岁，天将明，僧众始起，至各护法殿前煨桑，以后给佛爷叩节。元旦放假一天。初一由总司食（吉哇）每人给炸食三枚，初二总法台（赤哇）每人分给炸食八枚。至初三傍晚，结会一处，听取一年的规矩，是为正月祈愿大法会的开始。①

---

① 李安宅：《拉卜楞藏民年节》，李安宅、于式玉：《李安宅、于式玉藏学文论选》，中国藏学出版社 2002 年版，第 31—38 页。

　　李安宅先生的描述大致反映了拉卜楞地区年俗文化。笔者采访的拉卜楞地区年俗也基本保持了这一过程，不过在细节上发生了一些变化，比如现在有些人家会在自家的房顶拉上电线，通上数盏电灯彻夜长明为家人祈福；与西藏相比，年夜饭里也有类似于西藏的"古突"，但是吃法完全不同了，当地称"勾特（dgu thang）"译为"九饭"，是有肉有菜的汇菜，而不是西藏的面糊吃法，也不再放有象征意义的羊毛、木炭等逗趣的物品在菜里了。另外据采访，随着当地民族意识的加强，部分人在近几年也开始重视藏历的新年，有些人家会举行些庆祝仪式，大部分只是在这一天互道"扎西得勒"表示一下。①

　　安多其他藏区的年俗也多少保留了些藏族古老的传统，比如煨桑、放风马、祭神还有家中供祭羊头（见书前插图，图四）等，但受汉文化影响较深，基本形式类同于春节了。比如，笔者调查的天祝藏族自治县的年俗，在采访中，老人们回忆藏族年俗在1958年以后有了断层，以往的很多习俗都没有了，现在过的年就和汉族差不多，小年也过，送灶神、接灶神都和汉族一样了，就是在腊月二十三将灶神爷的画像郑重地揭下来用火烧了，然后在腊月二十九将请的新画贴好以示接回灶神。而在西藏比较传统的是在灶神供奉处用白灰画上象征灶神的蝎子图案，这种祭灶方式在甘南藏区较常见，天祝、青海的农区城区基本上按照汉族贴灶神画的方式祭祀，年夜饭藏餐的牛羊肉吃法变化不大，增添了很多各地风味，没有保留吃"勾特"的习惯，但是老人们还记得以前是吃的，当地老人称之为"勾特个"。

　　至于天祝境内年节中的藏传佛教仪式与夏河拉卜楞相比保留的较少。位于天祝境内的华藏寺、石门寺、天堂寺被毁后很长一段时间没有修复，现在或才修复或陆续正在修复中（见书前插图，图五），但是中间的间隔时间太长，以前由寺院发起组织的

年节仪式慢慢都被淡忘了，比如正月的观经（当地人称官经），只有少数老人记得，年轻人对此一无所知。过年也没有再用白灰在庭院画佛教吉祥图案的了，不过大部分有老年人的藏族家庭，院中央还是设置煨桑（lha bsangs）炉（当地人称为"煨藏炉子"或者"藏炉子"），每天早上或过年过节还会煨桑（当地人称"煨藏"），但分户单过的年轻人就不如此讲究了。这样一种藏文化的淡化现象，一方面是"文革"时期的社会因素造成的，另一方面也是天祝当地藏族组成的复杂性决定的。早在吐蕃统治时期，留守的吐蕃诸部就融合了当地的汉、吐谷浑等民族，元朝时期大量迁入的蒙古部落在明朝时期为了避杀身之祸大量改为藏族，在笔者采访的几家自称祖上是蒙古族人。新中国成立后，20世纪50年代进行民族人口普查时，蒙古人以为又要对他们统计迫害（这是采访当地老人得来的）所以很多人都报了藏族①。到改革开放后的人口普查时，许多汉族、土族等为了得到民族地区的实惠也有不少人报了藏族，这样，天祝的藏族组成就比较复杂，对于藏族传统习俗的保留也就影响比较大，导致现在当地年俗掺杂了诸多其他民族尤其是汉族的因子。近几年随着民族政策的调整，国家对于民族文化的保护使当地藏族看到本民族文化的重要性，民族意识也日益复苏。本地以前遭破坏的藏传佛教寺院得以复修，在老一辈人的带动下，藏族传统的佛教信仰仪规也在复兴。比如每月的初一、十五到寺院上香，点酥油灯等，笔者年初五在天祝县城内的华藏寺调查时看到早早就有信徒手拿念珠，围着寺院周围的经桶转果拉，虽然人数与拉卜楞寺没法比，而且也不像拉卜楞寺的信众那样穿典型的藏袍，但他们脸上表露的虔诚和平和都是一样的。他们还很热心地指点我们礼佛的事宜。这之间看到一位带着孩子的女士来到寺院要求阿卡把放有经书的长

---

① 据访谈，当地人称天祝是国家第一个设立的藏族自治县，是周恩来总理亲自设置的，当时藏族人口比例不达标所以为凑数字，政策就比较宽松，其他民族也可以改为藏族。

条经栒放在她的右肩上然后围着寺院转，这和西藏的望果节很相似。这种民族意识的复苏还表现在年俗传统仪式的强化。在天祝访问时，当地人向笔者描述，近几年在过年时许多人又开始到附近的山上煨藏、放风马，时间在大年初一凌晨，上山的人很多，包括汉族、土族等。而且还加了新的意义，大家都要尽力抢头马，也就是第一个爬上山顶，选择最佳位置撒下第一把风马。笔者访问了几位藏族老人对风马的解释，基本上符合藏族传统的说法，是敬神的、给山神上供的，撒风马的同时还要给马撒马料青稞、豌豆等（见书前插图，图六）。有意思的是一同参加此仪式的汉族人对此的解释是：让撒下的马给自己驮回金银财宝，所以越先撒下的得到的财宝就越多。笔者上山拍摄到了三处山顶拉则（lha rtse），一处是天祝县城东南大锅湾两个相临山头的拉则，还有一处是县城西南面的拉则。其中东面的两处拉则石块累积比较高，形成了规模，据说此处拉则立了有几年了（见书前插图，图七）。西面的只立了麻尼杆，周边石块只垒了一个小包，立的时间也不长（见书前插图，图八）。这三处拉则就成为县城百姓年节祭祀的主场地，从这可以看出，当地藏族传统年俗恢复时间不长，但一旦恢复无论藏汉百姓都趋之若鹜。在采访中还有一处不同于甘南地区的说法就是对山顶拉则的称法，大家（包括汉族、藏族）普遍称之为"鄂博"，就是在石门附近白石头村居住的自称土著藏族的百姓也如此称呼，当笔者以"拉则（lha rtse）"称呼时，多数汉族不理解，只有少数老人知道，并称之为"拉卜则"。"鄂博"是蒙古族称法，可见当地民俗受蒙古族影响也比较深。当地从初二开始走亲戚，拜年的礼品也和汉地类似，酒、牛奶等，但保留了送砖茶的习惯，无论是酒还是别的礼品，都要再搭上一块砖茶才算隆重。另外还保留回礼习惯。笔者采访的朵老人家住石板湾，来白石头村走亲戚时带一份礼当，每访一家，走时主人回礼再访另一家，这是比较传统的。近几年拜年还有一个特殊变化，当地年轻人或县城居民为方便，实行"团拜"，就是大家凑份子钱，在酒店定好席，一起庆贺新年，分散的拜年就免了。① 初三后的活动本来是寺院观经，但寺院刚恢复，这一仪式还没开展，老辈人会去寺院上香、点酥油灯。以前的放生活动也都不举行了，老辈人记得放生的意义，但是现在四五十岁人只记得在年节要给牛羊鬃上、尾巴上缠上彩带，问到意义时，回答是牛羊也要过年，可见年节放生习俗停止已久了。从老人们的叙述中可以得知，当地以及青海在过去还有特殊的习俗，年初一早晨要到牛羊圈观察牛羊头冲的方向，然后在牛羊身上系上五彩条赶往头冲的方向，认为这样主人会在新的一年牲畜兴旺、吉祥平安，这是区别于其他藏区的放生习俗，多少受到蒙古传统的影响，但现在很少保留了。②

青海年俗其东部地区受汉文化影响深，这一地区与天祝藏族自治县相连，两地自古以来就相互迁居移民，年俗方面基本相似。如在西藏年俗中，初一妇女要争着接回"晨星水"，而青海、天祝等地受汉族影响，从初一到初三忌洒扫，也不挑水做活，汉族对忌洒扫的解释是，会把家中的财气扫了倒掉。南部农区在新年期间，村与村之间还要举行射箭比赛，竞赛人员限于男性，女性负责招待吃喝和作啦啦队。射箭结束后各村子要举行联欢活动，欢歌跳舞尽情娱乐。③ 由于境内有著名的塔尔寺，过年期间的佛教仪式恢复得很快，尤其以正月十五的塔儿寺灯会（藏语称"觉阿却巴"）在安多藏区最为著名，已有几百年的历史，吸引诸多民众参观朝拜。④

安多有少数藏区由于地域、经济、历史发展等各方面原因，过年的时间和仪式与其他地方差别很大，形成了自己独特的年节

① 笔者 2008 年 1 月在天祝县城采访资料。
② 笔者 2008 年在天祝白石头村访谈朵老人资料。
③ 殷生宝：《安多卓仓藏族民间射箭习俗及其社会功能探析》，《青海民族研究》2005 年第 2 期。
④ 杨贵明：《宗喀巴诞生地——塔尔寺文化》，青海人民出版社 1999 年版，第 196 页。

风俗。比如东部嘉绒藏区在每年农历的十月三日和冬月的十三日过糌粑年，过年期间主食以肉、糌粑为主，熬茶还要吃冷烧麦面饼，在第四天、第五天也要煨桑祭祀。嘉绒党坝一带在十一月十二日过年，过年的中心内容是敬奉阿美日各神，这是当地的保护神，传说是一男一女合成。十二日晚各家做长饽饽，其数目与家中男人数目成比例。饽饽顶上作出双角。十三日早晨用麸皮面在灶房墙上画阿美日各神像，将长角馍馍放在盘内敬神，另社酒、面，生一盆火，架上柏枝，放上馍馍饼撒上一些面粉，放一些猪膘，准备妥当后由当家人跪在神像面前祷告一家老少平安、牲畜健壮、庄稼丰收。然后喝四天酒，吃肥猪肉、馍馍，一般不出门，不请客。①

甘肃省卓尼部分藏区在新年正月初八到十五要举行曼拉节，节日前，出嫁的妇女都得返回娘家，与父母兄弟姐妹团聚。过节时，各村寨还要挑选能歌善舞的男女青年组成"沙目"（歌艺队），到周围村寨去赶曼拉节。作为交流，也接待、邀请其他村寨的沙目来本村演出。各村都有沙目表演的广场。场中央燃起熊熊篝火，桌上摆满供品，请德高望重的长者就座，用醇酒、茶招待客人。夕阳西下时，全村男女老少身着盛装，到沙目场上观看演出，从农历正月初八直至十五，届时"沙目"队一边摇动长把羊皮吊锤巴郎鼓，一边起步歌舞，一问一答，即兴编词，一直跳到雄鸡唱晓，各家则以丰盛的节日食品及青稞酒款待。本村出嫁的老少姑娘，均返回娘家与村人聚集一起，跳起一种叫"阿尼桑桑"的舞蹈，吟唱"汤卡"，人们互相敬酒茶，愉快地度过节日良宵。演出结束，东道主请沙目全体成员到本村最宽敞的大厅就座，各家各户端来佳肴美酒款待。宾主一面吃喝，一面猜拳或对歌，彼此预祝新的一年农业丰收。午后，宾主又重返沙目场，举

① 四川省编辑组编：《四川省阿坝州藏族社会历史调查》，四川省社会科学院出版社1985年版，第235页。

行告别仪式。①

在白龙江流域的藏区,每年正月初三还举行"墨都节",意为出征舞,是藏族群众祭祀祖先或部落神的一种宗教仪式。这个节日的参加者仅限于特定的氏族。祭礼所用的青稞、牛在氏族成员中轮流摊派,每年杀祭牛一头,现在已经改牛为羊。宰羊的同时,还需杀鸡或者用鸡蛋代替。祭祀所用的锅等器具要先背上山,水由本氏族妇女背到祭祀地点。一切准备就绪后,在苯教巫师的诵经声中,将牛或羊当场杀掉,每个氏族成员分一份。仪式举行完后立即下山。村口有妇女端酒等待,向祭山神的男人们敬酒慰劳。苯教巫师将预备好的山上烧过的灰烬撒在妇女头上,表示为她们驱魔、祈福。接着在村口由苯教巫师诵经,本氏族的男人们不分长幼地开始跳墨都,其他氏族的成员相随伴跳,边跳边向村里移动,渐渐集中到平坦的公共场地上,由苯教巫师领头开始正式表演。阵式呈螺旋形,舞曲则是述说本氏族本部落的迁徙历史及战斗功绩等。男人们跳墨都舞的同时,妇女们则跳起卓尔舞。男女两阵跳到高潮时,墨都舞队将女人们的卓尔舞队冲散,卓尔舞即告结束。这时墨都舞队则从公共场地转移到有灾有难的家庭,重新摆阵镇邪驱魔,围绕该家火塘转几圈,主人要以酒相待。随后将墨都的阵式摆到村子的另一头,表示把邪祟逐出了村。②

临潭、卓尼有些藏区过年还有跳巫舞习俗,是原始宗教遗留下来的流行于民间的由从事迷信活动者跳的"神舞"。当地一些群众戏称"跟上好人学好艺,跟上师公子(巫)跳假神。"③ 在临潭冯旗村每年正月十六演出武术表演,俗称"打切刀";资保

---

① 甘南藏族自治州地方史志编纂委员会编:《甘南州志》,民族出版社1999年版,第1771页。
② 孕藏才旦、格桑本:《雪域气息的节日文化》,甘肃民族出版社2000年版,第116页。
③ 甘南藏族自治州地方史志编纂委员会编:《甘南州志》,民族出版社1999年版,第1490页。

村每年正月十五汉藏群众还要"抢年果"，藏语称"抢哦浪儿"；王旗乡正月初六"考摞摞"；扎浪沟，从正月初六到十六，演出纸马舞①。

四川勉宁藏区的新年最特殊，以农历六月中旬举行的火把节为标志。据传说很早以前，当地有条恶龙要把勉宁变成一片汪洋，为了保住家园，勉宁人手打火把撵恶龙，从早上一直撵到晚上终于把恶龙撵出了勉宁，以后为了防止恶龙卷土重来每年到这个时候都要举着火把撵一遍，慢慢就形成了现在的火把年。节日这天，各村寨要杀牛羊祭祀火神。入夜，全寨的人将自己准备的火把点燃，扔到村寨中心的晒场上。瞬时间，火光冲天，十分壮观。年轻人则把节前收集、筛选好的朽木粉末撒在火把堆上，玩起"耍火把"的游戏。男女之间尽情对歌、跳舞，通宵达旦，彻夜狂欢②。

第二节　山神祭祀节日

神山崇拜起源于原始人类对自然力量的敬畏，青藏高原是山的世界，纵横交错的庞大山系构成了高原人世代生存的环境，高大巍峨的雪山又孕育了高原似星辰散落般的大小湖泊。高原的气候也因此变得神秘莫测，变化多端。原始人类的泛神崇拜在这样一片沃土中得以繁衍出庞大的神灵体系，主宰着当时人们的命运，也影响着现在人们的生活。山神崇拜是青藏高原传统文化的重要内容，宗教中、生活中、节日里都有对山神献供的仪式，如此广泛深远地影响在别的民族中是比较少见的。在长期的历史发展中，神山崇拜也呈现出复杂面貌，从原初的一味服从，百般讨

---

① 临潭县志编纂委员会编：《临潭县志》，甘肃民族出版社1997年版，第462—465页。

② 格桑本、尕藏才旦：《雪域气息节日文化》，甘肃民族出版社2000年版，第53页。

好，到后来原始苯教的服从献祭加适当的威吓（比如苯教法师阿年在防雹仪式上向天空乌云扔法器以示威吓），再到佛教传入后的征服，为佛教所用、护持佛法、定期献祭，这样一个过程也反映人类社会不断地发展，生产力加强，人们对大自然的认识也在不断地加深，逐渐摆脱神灵束缚的过程。山神从原初的主宰人们命运的神，演变为为人服务、"帮助"人们实现愿望的神，当然，适当的祭祀，取悦神的祭品还是不能少。献祭仪式经历各时代的变迁，融合多种文化，逐步形成现在藏族独具特色的山神祭祀节日文化。

一 山神名称及历史演变

藏语中没有汉语中的"山神"这个词，对应山神的称呼有多种，如年（gyan 念）、赞（btsan）、生神（杰斗）、地方神（yu lha 玉拉）、地方主宰（yu dpong 玉波）。从对山神的这些称呼中可以反映出藏族的山神崇拜由原始的自然崇拜融入了后来的祖先崇拜、灵魂崇拜、英雄崇拜等内容，山神由最初的自然神灵演变为人格化的始祖、英雄、部落首领等。安多地区山神崇拜具有藏族传统原始崇拜的特征，同时受汉文化及其他民族文化的影响，使当地的山神崇拜有了多种文化背景，融聚了不同时代、不同民族以及不同政权统治下的多层文化积淀。

山神被称为年神是比较早的叫法，早期苯教就曾有所描述。[①] "年"在藏语中有凶暴、严厉之意，作为名词是指盘羊和与之相关的神灵。《旧唐书·吐蕃传》中记载："人多事螈羝之神，人信巫觋"，后人的注解中称螈羝之神就指羊神，指藏人崇拜羊神，具体的表现为头上会戴羊角形状的饰物，或者以羊角为祭祀供物供奉在山头、河源之地。以笔者的分析，汉文古籍中记载的祭羊神应该是祭山神和其他神灵，这里供奉的羊头（有些地方供奉牛

---

① 丹珠昂奔:《藏族神灵论》，中国社会科学出版社 1990 年版，第 2 页。

头）也应该是以此物向山神献供。《旧唐书·吐蕃传》载："（赞普）与其臣下一年一小盟，刑羊、狗、猕、猴，先折其足而杀之，继裂其肠而屠之，令巫者告于天地、山川、日月星辰之神……（赞普）云：'若心迁变，怀奸反复，神明鉴之，同于羊狗'"，这里表述得很清楚是以羊等为供物献祭包括山神在内的多方神灵，如果是祭羊神那么断足裂肠恐怕会适得其反。在原始的自然崇拜中，山神和其他神灵是无影无形的，至于传说中山神以牦牛、羊等形象出现直至拟人化的显现是后期统治政权以及宗教力量使然，如止贡赞普被杀后，赞普的后代为了夺回政权，利用山神在人们心目中崇高地位，称止贡王妃与化身为白牦牛的雅拉香波山神结合生子并帮助哥哥夺回了江山。拟人化的表现是在佛教大师莲花生驯服了各大山神后，为了方便把山神的像以唐卡或雕塑的形式置于佛殿里，以示之为佛教护法，因此为每位大的山神定制了形象，安排了献祭仪轨。因此最开始要祭祀这些无影无形的山神就要有标志，羊头、牛头也许就是这些标志物，以后逐渐衍生为拉则神宫箭丛形式。现在的安多藏区普遍流行着的"什巴达义"近似于创世歌，是世代流传的有关藏族先民世界如何来的解释，应该早于苯教创世教义理论。创世歌中描述什巴在宰牛时："砍下牛头放高处，所以山峰耸入云，割下牛尾栽山阴，所以森林浓郁郁"。[1] 头部在藏族人传统的观念中是至高无上的，以此敬神也表现了人们崇高的敬意。在不明内情的旁人看来好像是在拜羊头祭羊神，实际的深层内涵是祭祀山神和其他神灵，后期随着宗教的发展，祭祀的形式也就逐渐丰富。"年"的藏语字面意义是凶暴、暴虐，藏族现在还有将脾气暴躁不受欢迎的人称为"年人"的习惯，从此也可以看到这个称法比较早，应该是在人们驾驭自然的能力很弱的洪荒年代。在山洪、冰雹、雪崩等自然灾害面前，人们束手无策，山神的本性就是凶暴，严厉的念

---

① 赵永红：《文化雪域》，中国藏学出版社 2006 年版，第 50 页。

神，人们对此只有服从，如高原的神山念青唐古拉（意为大神山），还有甘南神山阿尼年卿等待后期原始宗教苯教出现后，出现了对年神祭祀甚至是以暴制暴的有能力的人——"阿年"。"阿年"最早是苯教巫师，他的主要职责是侍奉年神司管防雹，要避免时而以白云为帐幕的年神以雹雨来破坏庄稼、牛羊、房屋。据说阿年还是年神的代表，他可以乞求年神不降罪于人，或者改变降罪的方向。每当雹雨将来，阿年会点起桑烟，用舞棍指挥雹雨的方向，一般都有固定的动作，实在不行就用"乌朵"（放牛羊用的抛石绳）装上法器或者法物（能让山神害怕的）抛向空中，以示威吓。① 如在青海流传的有关阿尼玛沁神山的传说："有一位名叫勒欣本玛的苯教师见到一匹与众不同的白马在山间一瘸一拐地走，就上前看究竟，发现马蹄缝有一个芥子，于是他把芥子取出，并念咒医好了马，而后马腾空而去，在晚上的梦中白马告诉他，自己是阿尼玛沁的坐骑，不小心让阿年的法器打中"②，从这个传说中可以看到当时的苯教师不再像以往一味服从，在万般无奈之下也会威吓年神，这也是人们认识自然，企图挣脱束缚的尝试。1949 年以前有些藏区百姓还有对降雹年神进行威吓的仪式，如阿坝各尔洼地区"藏民有用打枪防雹的办法"。③ 阿年除了平息或指挥雹雨，还要负责平时的祭祀仪轨以防雹于未然，这样的祭祀活动逐渐固定下来就成了一年一度的节日盛会，以后的藏传佛教同样接纳了这一形式并完善为一整套节日祭祀仪轨。如拉卜楞地区每年四月的插箭节，宁玛派僧人负责主持祭祀活动。

　　赞神也是藏族比较古老的苯教神祇，赞神与灵魂崇拜有关，一般是生前比较强壮的、超凡的人，或怨死，或战死，而不屈的

---

① 丹珠昂奔：《藏族神灵论》，中国社会科学出版社 1990 年版，第 22 页。
② 才让：《藏传佛教民俗与信仰》，民族出版社 1999 年版，第 88 页。
③ 四川省编辑组编：《四川省阿坝州藏族社会历史调查》，四川省社会科学院出版社 1985 年版，第 163 页。

灵魂就演变为赞。赞在藏语中是雄强有力，勇猛的意思，如《新唐书·吐蕃传》曰："其俗谓强雄曰赞，丈夫曰普，故号君长曰赞普，赞普妻为赞蒙"，可见，赞又多少反映了藏族氏族部落时代的英雄崇拜。在氏族生存的狩猎活动中以及部落间的战斗中，强有力的首领是人们的精神支柱，现实中的赞普加上精神上的赞的力量，成为人们保护家园英勇战斗的力量源泉。在藏族民间传说中流存着大量有关地方赞神帮助战胜入侵者的事例，所以山神作为地方的保护神又被称为"赞"，比如夏河县下唐乃禾祭祀的拉则赞贡。

称为生神也大致反映了灵魂崇拜的思想，把自己出生地的山神与自己的命运联系在一起，希望也能拥有大山一样的顽强生命力和强大的力量。如青海省黄南州尖扎县境内有一座大山叫"夏吾岗"，当地人奉为神山，为了体现与神山不同一般的联系，当地人的名字亦多取山神"夏吾"之名，如夏吾才让、夏吾扎西、夏吾吉等，视山神为生神。

把山神称为地方神、地方主宰，藏语"协得"，是比较晚时期的说法了。"协"在藏语中是地方、住处、根基的意思，"得"是主人，合在一起就是一方之主。他的职责更加多样化，要负责天气好坏，牧场草肥牛壮，庄稼丰收，人畜两旺，俨然就是封建分封制下的地方统治首领"洪波"（dpon po）或"嘉波"（rgyal po），其性格本质也由暴戾转变得人性化、理性化些，其职责也由先前频繁的部落战争时期的以助战为主转变为帮助生产、护佑地方安定。山神称呼及职能的变化在一定程度上反映了安多藏区受中原政权分封，藏区居民逐渐改游牧为兼事农业及农牧兼营的生计方式，大面积的定居庶民的产生，封建农奴庄园制逐渐形成的时代变迁。

二　安多藏区著名的神山及其体系化过程初探

藏族民间传统信仰认为藏地有四大神山：卫藏地区的神山雅

拉香波（gar lha sham po）；北方羌塘的神山念青唐拉（gnyan chen thang lha）；南方神山库拉日杰（kha lha ra rgyal）；东方神山沃德巩甲（vo de gun rgyal）。这四座神山是藏区神山的代表，是佛教传入以前藏族原始信仰中崇拜的山神。四大山神与其他五座著名山神组合在一起，组成山神体系的核心，称为"世界形成之九神"。九位山神是沃德巩甲（vo de gun rgyal）、雅拉香波（gar lha sham po）、念青唐拉（gnyan chen thang lha）、玛卿伯姆热（即阿尼玛卿山，rma chen spom ra）、蛟卿顿日（sgyogs chen ldong ra）、冈巴拉杰（sgam po lha rje）、雪拉居保（zhogs lha rgyug po）、觉沃月甲（jo bo gyul rgyal）、西乌卡日（shevu kha ra）。据藏族传统的解释，其中沃德巩甲为最高山神，是其他八位山神的父亲。这些山神广泛分布于藏区上部阿里三围、中部前后藏四如、东部多康地区。①仔细推敲，这样的山神体系理论形成应该是在公元 7 世纪以后了，在这之前安多地区还未进入吐蕃王朝的版图中，这些神山和神也就无从谈起。

安多地区最负盛名的莫过于阿尼玛卿神山，它是安多藏区广泛信仰和祭祀的山神，可以称为东部藏区的主山神。阿尼玛卿神山坐落于果洛藏族自治州境内，山系绵延上千里一直向东延伸到甘南草原玛曲、禄曲、四川阿坝藏族羌族自治州境内。从山神名称的意义以及在安多地区广泛深厚的影响力推断，这一山神应该是当地古老的自然崇拜转化为祖先崇拜的神祇。这座神山被奉为藏族上古六大姓氏董氏的祖先神，在董氏歌谣中有："三大山峰归董氏，董氏帽顶高耸乃由此"，现在果洛还戴着高顶毡帽，有的玛卿山神像上，山神戴的就是这样的高帽。《安多政教史》记载："在董·华钦嘉波的氏族中，有一段时间……他的驻牧地在玛卿曲科拉加曲卡等地。当董、珠两氏族征战时，玛卿大山神护

① 丹珠昂奔：《藏族神灵论》，中国社会科学出版社 1990 年版，第 66 页。

佑董姓黑汉……因而董氏在战争中取胜了"。① 董氏之董与汉文史书中记载的党项羌读音近似，二者早期活动的范围也相吻合，有学者认为董氏即为汉文史籍记载的早期活动于安多地区的党项羌人。② 由此看来，阿尼玛卿神山是安多藏区古老的神祇，后来被纳入了吐蕃王朝山神体系之中。据传说玛卿神山是藏区神山沃德恭嘉德的儿子，传说称："阿尼玛卿是俄德巩甲的老大儿子，被派到安多。临别时，老人交代千万记住对头上有辫子的人要有慈父一般的感情；对背上有装饰品的人要有慈母一般的感情（这里反映早期居住于安多地区的藏族先民与吐蕃藏族服饰的相似，以此来区分你我）；对与你同龄的年轻人要有兄弟一般的感情，这样可以得到安多人的信任和帮助。后来他就成为安多藏区的主山神了"。③

这个传说反映了公元 7 世纪前后吐蕃王朝的武力扩张历史，阿尼玛卿神山也被传为吐蕃腹地主山神的儿子，在现实世界的战争征服后，就利用精神世界的神灵的力量来达到更有力的长久统治。鉴于玛卿神山在当地广泛的影响力，想要抹杀他另立神位比较困难，于是将之视为吐蕃山神之祖沃德恭嘉之子加以更高的地位，享有更高的尊崇，并且把安多地区诸多山系定为玛卿山神的眷属，在玛卿山神献祭文中记载，山神的伴偶是贡曼拉日（拉日一般是山神的名字），他们有九位神子和九位神女，分布于安多各处，都是著名山神。如青海化隆县斗喇嘛寺附近的一座神山就是玛卿山神的女儿，名为"阿玛琼莫曼尊多杰玉卓"。卓仓藏人地区邻近的宗喀吉日神山，热贡的夏群神山等都是阿尼玛卿神山的子嗣。另外，玛卿山神还有阵容庞大的属部，其中最有名的护持四方的四大年神："俊卿董查""叶

---

① 智观巴·贡却乎丹巴饶吉：《安多政教史》，吴均、毛继祖、马世林译，甘肃民族出版社 1989 年版，第 229 页。

② 才让：《藏传佛教民俗与信仰》，民族出版社 1999 年版，第 89 页。

③ 笔者 2008 年 1 月在天祝采访朵老人资料。

钦热德""珠钦董俄噶儿宵""念青唐拉",以及玛类神三百六十位,悦意女神三百六十位,这些随属大都以山神的形式分布于安多各方,受到当地民众礼敬供养①。这样的"血缘"纽带从人引申到神,维系了吐蕃在安多的王权统治,即使现实的统一政权崩溃后,这条纽带依然维系着藏族精神世界神系的统治,直至今天。

阿米年钦神山虽然不像玛卿神山那么声名显赫,但是在安多地区,他也是受众部落朝拜、供奉的山神。阿米年钦神山位于甘南和临夏的交界处,属于藏汉等多元文化频繁结合之地,使这座神山也呈现出多元文化特色。汉语称之为太子山,据说是秦朝太子扶苏流放之地所以得名。② 神像被立到佛教寺院和当地关帝庙中受到汉族、藏族民众的共同朝拜。在汉族民众传说中认为,年钦神山与被封为太子山山神的明朝大将徐达是同一位神③,这也反映出不同民族人们为和平相处在接受双方文化时作出的符合本民族心理的文化解释。这样的现象在安多多民族结合地区很普遍,如夏河的关公信仰,藏族民众认为中原的关公是护持佛教高僧,于藏域有利之神而作为地方的保护神加以供奉信仰。④ 在被苯教法师和佛教高僧收服之前,年钦山神也应该是本地古老的神祇,据当地的传说,他的个性非常桀骜不驯,曾经和大山神玛卿争夺夫人(这应该是藏族古老的婚俗抢亲制在神灵世界中的映现,从这也可以看出,年钦山神是当地古老山神,如果是在吐蕃分封玛卿为大山神后,产生这样的传说可能性较小),因此有只眼睛被玛卿山神射瞎了。还有传说他的双眼都是瞎的,因为早期他是危害一方的恶神,常以冰雹、洪水、风雪等灾害破坏农牧

---

① 才让:《藏传佛教信仰与民俗》,民族出版社1999年版,第92页。
② 华锐·东智:《拉卜楞民俗文化》,青海民族出版社2004年版,第45页。
③ 同上书,第47页。
④ 林继富:《从传说到信仰——西藏关羽信仰的演化脉络》,《青海民族研究》2005年第4期,第40—43页。

业，所以当地人请了咒师用青稞（属火）打中他，烧瞎了他的双眼，后来藏传佛教宁玛派高僧收服他作为佛教护法和地方保护神，接受人们的供奉。在藏传佛教格鲁派于夏河立足，建立拉卜楞寺时，为了维护宁玛派的教权，此神还显现神威阻止寺院的修建，在两派达成共识后，他也作为拉卜楞寺的护法神得到专有的供奉朝拜之地。现在，每年对他的祭祀礼仪仍然由宁玛派和格鲁派僧人共同参与。

除了这种共同信仰的总山神，安多各个藏族村落还有各自供奉的小山神、家族山神。各地方都有对各自山神的文化解释，神话传说内容数量之丰富是其他民族无法媲美的。从这些传说中折射出当地藏族的部落战争史，部落迁徙史以及佛、苯在安多斗争的历史。吐蕃统治时期大量西藏腹地的部落迁入安多地区长久地驻扎下来，和当地原住民共同形成现在安多藏族聚落，在这些军队部落迁徙的过程中，部落的神祇也一并在此驻扎下来，经过长期的融合，成为当地民众接受、信仰的地方神。笔者在卓尼调查，在木耳镇叶儿村采访时，一位老人曾向我们讲述，他们的祖上是从西藏迁来的，随同他们一起迁徙的还有村子周围的三眼神泉，当地称它们为三姐妹，老大药水泉，老二甲巴泉，老三叶儿泉。这三姐妹被村民奉为保护神专门修建了神泉庙，每年都要祭祀礼拜，这种将祖先历史融入神话传说与宗教活动中的做法能有效地保留祖先记忆，起到代代传承、不易被遗忘的作用。卓尼境内的主神山阿米日公大山（当地俗称大神山），是当地共同祭祀的山神；还有俗称小神山，是卓尼嘉波家族的祖先神山，这样的神山是在嘉波迁入卓尼时随同部落一起定居下来。还有青海卓仓藏族山神传说也反映了这样的部落迁徙史。依据《安多政教史》等史料记载，卓仓藏人的先祖来自西藏山南的洛扎地方，卓仓地区藏人普遍祭祀信仰的是桑曼噶穆神山，关于桑曼神的渊源卓仓藏人几乎尽人皆知：

　　古昔安多宗喀地方还是一片汪洋之时，卫藏地方山神的
总管念青唐拉召集众山神言：你等皆已有所成，能够独立生
活，现派往各地，各自创业。桑曼和桑朵本是一对夫妻，被
派往宗曲（湟水）北岸华热地区，他们在大海中安家，于是
在这里突起两座高山。丈夫桑朵每日出门打猎，妻子桑曼放
牛挤奶。有一天夫妻争执，桑曼脾气暴躁，用舀奶的勺子打
了桑朵的头顶，桑朵一怒之下挥剑便砍，砍中桑曼的右肩，
桑曼赌气离家出走，到了湟水南岸卓仓藏人地区。于是桑朵
与桑曼分住两岸，遥相对望。桑朵山顶不再尖耸，而显得平
凹，终年积雪皑皑，这是因为桑曼用奶勺击打的缘故。而桑
曼的右肩比左肩低，则是被桑朵剑伤所至。桑朵山即当地汉
族所称的松花顶，海拔 4056 米，位于乐都县西北部达拉乡
境内。①

　　这里山神总管念青唐拉遣所属神山前往安多，似乎是吐蕃赞
普派属部驻牧安多藏区在神灵世界的翻版。

　　在安多原驻山神以及迁入山神体系化过程中，宗教的力量功
不可没。如果说吐蕃时期，随军苯教僧团借助安多地区原始自然
崇拜和先期进入的苯教初期教义理念基础，将当地神祇列入吐蕃
业已成熟的苯教祭祀仪轨中，是安多地方神祇吐蕃化、体系化的
开始，那么后期藏传佛教僧团的大规模介入、佛教寺院的广泛建
立，则是安多地方神祇体系化日趋完善、最终完成之时。其标志
就是流传至今的安多山神祭祀节日，几乎安多各个藏族村寨都形
成了完善的山神祭祀节日仪轨，这些仪轨中包括了原始的祭祀仪
式，也有苯教祭祀内容，最多的还是佛教的仪轨。为了达到体系
化的至真至善，佛教高僧不厌其烦地为每一位山神撰写焚香祭祀

---

　　① 扎洛：《青海卓仓藏人的地域保护神崇拜——对三份焚香祭祀文的释读与研究》，甘肃藏学研究所主编《安多研究》第 1 辑，中国藏学出版社 2005 年版，第188—199 页。

诰文，诰文首先都要追溯这类原始神祇被密教大师莲花生降伏，使其为佛法服务时的情景，重申它们对于大师所做的承诺与誓言等。接着要细述山神形象，本原和眷属以及祭祀仪轨，这一环节是体系化的最重要一节，前期山神的形象模糊，或者以动物等形象显现，或者附身神咒师代言人，这几乎可以认为他是无影无形的，而佛教将他具体化后立于寺院中又书面规定了程序化祭祀方式，即方便了民众祭祀，也加强了佛教的统治地位，使之成为言之有据、确之凿凿的佛教护法，一纸诰文好像一张千年的契约，约定了佛教与山神间的归属、权利与义务。如今诰文也成为学者研究藏族文化历史的重要依据，山神的形象化、具体化无疑是高明之举。以上两座主神山是安多地区普遍祭祀的山神，其他各藏区村落还有各自每年定期祭祀的神山。

第一，藏区山神体系（见图 3-1）。

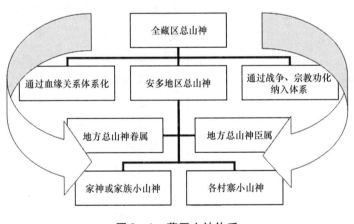

图 3-1　藏区山神体系

第二，安多部分地区山神系统。

①安多藏族总山 $\begin{cases} 阿尼玛卿（a\ myes\ rma\ chen） \\ 阿米年钦（a\ myes\ gnyan\ chen） \end{cases}$

②青海地区

果洛州：年保叶么则祖先山神

湟中地①

白石头村
- 娘勒山神
- 阿嘉桑吉山神；（父）
- 哈玛拉毛勒山神（母）
- 多呼山神；（子）
- 朋错山神；（子）
- 达那勒山神；（子）

苏木什南村
- 阿米库什登；
- 阿米觉娜（女性）；

卡阳、白杨口、杨巴村
- 阿米扎拉；
- 阿米元排；

群家上下圈村：阿米果什则；

上台村：娘勒；

东岔村：阿米夏克日（阿尼玛卿子）；

卡约村：白马山神（阿尼玛卿坐骑）；

兰冲村：脱拉谢松；

卓仓藏区②
- 桑曼噶姆（阿伊桑曼、女性）山神；
- 桑栋念波山神；
- 色乌三兄弟山神；
- 扎纳公波山神；
- 热贡夏琼山神；
- 宗喀（拉）吉日山神；
- 高茂日琅山神；
- 梅朵山神；
- 廓噶尔山神；
- 达秀孜松山神；
- 协隆扎甘山神；
- 杰拉帕日山

---

① 张海云：《贡本与贡本措周——塔儿寺与塔儿寺六族供施关系演变研究》，兰州大学 2009 年博士学位论文，第 142 页。

② 扎洛：《青海卓仓藏人的地域保护神崇拜——对三份焚香祭祀文的释读与研究》，《安多研究》第 1 辑，中国藏学出版社 2005 年版，第 188—199 页。

③甘肃甘南、华热地区

夏河①

- 阿去乎山神阿米顿浑
- 上唐那禾山神赞贡；
- 下唐那禾山神色木去乎； ｝总山神焕佼色木／去乎的母亲
- 来周山神久敢；
- 撒禾尔山神华拉日阿不丹；
- 红教村山神丹贝坚赞；
- 录唐村山神玛金本热；
- 王府村村山神汉本；

（总山神　扎西扎里加乌）

- 塔哇山神｛阿米夏乐禾；／扎金姆；
- 桑科乡｛羌则神山；／贡蒙神山；

卓尼②

- 柳林镇｛阿米日贡山神（俗称大山神）／老爷坟山神（俗称小山神）
- 拉力沟村｛大钟山山神／拉则噶给山神
- 木耳镇｛召地山神／曼地山神
- 扎古录麻录村｛柏香山神／麻录山神
- 完冒乡白石崖山神

---

① 笔者 2008 年 12 月夏河下唐那禾村长访谈资料。
② 笔者 2007 年 7 月卓尼考察资料。

华藏镇 阿尼曼陀山神

石门镇 ⎱ 阿尼拉桑保山神
　　　⎱ 阿尼噶卓山神（马牙雪山）
　　　⎱ 阿尼幻觉山神

西大滩朵仓措哇 ⎱ 阿尼饶卜藏山神
　　　　　　　⎱ 阿尼盖宁山神（毛毛山）

天祝① ⎱

哈溪、安远镇 ⎱ 阿尼扎西却隆
　　　　　　⎱ 阿尼昂毛
　　　　　　⎱ 阿尼南加
　　　　　　⎱ 阿尼万智 ⎱ 总山神阿尼谢隆噶尔

东大滩 阿尼坚赞山神

炭山岭 阿尼道旦山神

五台岭 阿尼卡勒山神

火石沟 得吉措姆山神（女）

大台子 阿尼华达山神

毛藏寺 阿尼加玛山神

西顶 阿尼华前山神

马且措哇 阿尼达日参山神

大通河流域 13 山神 ⎱ 阿尼玛琅岗噶尔
　　　　　　　　　阿尼贡布丹玛
　　　　　　　　　阿尼南盖
　　　　　　　　　阿尼夏当
　　　　　　　　　阿尼却隆
　　　　　　　　　阿尼热贡
　　　　　　　　　阿尼达日参
　　　　　　　　　阿尼饶卜藏
　　　　　　　　　阿尼勒日
　　　　　　　　　阿尼秀日则
　　　　　　　　　阿尼曼陀
　　　　　　　　　阿尼嘉尕日
　　　　　　　　　阿尼络卜则

---

① 笔者 2009 年 1 月在天祝调查访谈资料。

三　山神祭祀节日

如此庞大的山神体系促成了安多地区独具特色的山神祭祀节日的产生与发展，各地方几乎每年都要在固定的月份举行祭祀仪式，时间大都在农历四月、五月、六月，可根据各地实际的情况定具体日子，有小型以村落为主体的祭祀，影响范围不广，参加的人员主要是当地人，如卓尼县每年农历四月十三祭祀大山神，五月十三祭祀小山神；拉力沟村农历四月十三祭祀大钟山神，五月初四祭祀阿尼玛卿，五月十四祭祀拉则噶给；木耳镇叶儿村每年农历四月十三祭祀召地山神，五月十三祭祀曼地山神，六月初一祭祀玛卿山神，届时请宁玛派僧人主持；扎古录镇麻录村在农历四月初四祭祀柏香山神、麻录山神；完冒乡在六月十一祭祀白石崖山神；有些地区型祭祀总山神的仪式影响很广泛，届时周围藏区民众，包括汉族等其他民族，甚至安多以外的人都会远道而来参加此盛会，也吸引了许多国内外游客来观看。现在这样的祭祀除了富含献祭神山的宗教氛围外，节日的气息更加浓厚。如拉卜楞地区十三庄祭祀山神演化为今天当地民众广泛参加的插箭节；隆务河谷地区的六月会，则是以祭祀山神高茂日琅拉开节日序幕，祭祀山神和其他地方神成为六月会的主旨，其中还夹杂着许多有特色的地方民俗表演，从外地专程参加节日的人也不少，在笔者采访的甘南地区有些老人就去参加过，老人的口中还流传着一句谚语："年节上，不是最好吃的东西不吃，六月会上，不是最好看的衣服不穿"①，这一地方性的盛会除了酬神外，还是人们竞相展示美丽藏族服饰的场合。

无论是祭祀大山神还是村寨小山神，仪规程序大都类似，细节上有些许差异，并烙下不同时期的历史烙印。这些仪规由本地的宗教人士和地方有影响的老辈人或者村中长者主持，大部分是

---

① 笔者 2008 年 12 月采访自夏河县上唐那禾达老老人及下唐那禾村长。

格鲁派僧人，还有部分宁玛派僧人，有些山区还以苯教师主持。
比较典型的仪规一般是：

1. 煨桑［天祝、大通河流域称为煨藏（bsangs mchod）］

祭祀的第一道程序是煨桑，桑烟是与神沟通的信号，缥缈的
桑烟还可以净化祭祀场周围的环境，"桑"在藏语中就是洗净、
消除、净化的意思。学界认为煨桑起源于藏族的原始时代。那
时，每当部落中的男子出征和狩猎回来时，部落中的族长、老年
人、妇女和儿童，便在部落外的空地上，点燃一堆艾蒿、小叶杜
鹃等有香气的枝叶，让出征者从上面跨过，并不断地往他们身上
洒水，也许是想通过熏香草的方式，除掉出征者身上的血腥之
气，用水洗去其污秽。现在甘青地区还有跨火盆或火堆的仪式，
一般参加完丧礼或者从医院大病出院的人，家人都要事先准备好
火堆让当事人跨过去才能进门，这也是除晦去祟的意思。还有一
种流传于少数地区民间的说法，说煨桑是在部落出去狩猎或者抢
夺别的部落时的一种问卦仪式，桑烟向哪个方向飘，人们就去哪
个方向，一定能满载而归。后来煨桑被苯教和佛教吸纳接受演变
成宗教仪式，煨桑的目的也变成祭神祈福了。笔者对于煨桑有些
自己的认识，一些藏族风俗资料中记载，苯教法师会在农作物
生长初期举行法事，就是在田间地头煨起桑烟，而且要每家每
户都在自家地边煨好几处桑，联系到东北地区有在秋霜到来之
前在豆田里烧草垛驱走寒气保证豆荚不受寒的做法，藏族以煨
桑来驱走寒气，这也许是建立在一定的经验基础上被神圣化了
的行为。早期先民的刀耕火种是不是这一经验的反映呢？笔者
在天祝境内的乌鞘岭山坡农田看到过人们在刚发了绿的农田边
煨桑，烟雾合着早晨的水汽弥漫在农田上空，景象很神圣也很
壮观。防雹师的防雹法事一样也是要大量的点桑烟，笔者认为
这其中或许包含着某些认知经验，桑烟的热度以及排放的大量
二氧化碳有时也能破坏雹子的形成或改变方向，这也是为什么
现在还有地区使用这种方法防雹。只不过防雹师对此的解释带

有浓厚的宗教色彩，认为桑烟是献给神的祭品，通过桑烟，法师可以和降雹的神魔沟通，使虔诚的人免于受灾，而遭了灾的则认为是触犯了神灵，做了恶事的人。"雹打隔埂"的自然现象更让人们对此深信不疑。所以这也许是一种古老的生活经验，被裹上了层层神秘的宗教理念，以至其现在神圣的作用被无限放大而固定为宗教仪式。

2. 撒龙达（rlung rta）

第二个仪式是撒龙达，龙达汉语译为风马，是印着代表不同意义的五种吉祥动物图像的方形纸片，这五种动物中间是背驮"挪日"的白马，四角分别印龙、鹏、虎、狮四种动物，最普遍的解释是：马代表灵魂，龙象征繁荣，狮代表威武，鹏象征生命力，虎象征身体。有学者认为，这五种动物代表五行，与中原文化有很深的关系；也有认为五种动物象征生命的五大元素，狮居于雪山，雪山由土构成所以属土，龙在水里属水，鹏鸟为火之精属火，虎生林中属风，马代表这四种元素依附的虚空，这五大元素组成世间万物，放风马的作用是若生命中的五元素枯萎可令复活，若五大衰败可令升起，若五大断裂可令延伸，若五大混乱可令平和，所以风马象征的是生命的本原，具有深奥的含义。① 现在在山神祭祀的节日里放风马被当地人解释为：给山神爷供奉的坐骑，山神巡视山岭或保护属民与其他来犯者作战时需要马匹。当笔者问到其他动物的意义时，回答是帮助作战的护法神。这是祭祀山神时的解释，在其他场合，比如不顺心或者遇到重大问题时，人们也会到山上撒风马，以求福运，还有的以风马是否迎风飘飞到高空来预测吉凶。有趣的是居住在藏区的汉族人也接受了这一方式，并且有自己特殊的解释：让放出的风马给自己驮回金银珠宝。这一细微差异反映了民族间依各自信仰而形成的思维模式和所追求的精神旨趣的不同。

---

① 才让：《藏传佛教民俗与信仰》，民族出版社 1999 年版，第 104—105 页。

3. 插箭

在桑烟弥漫于上空，龙达随风飘舞时，祭祀的主项目插箭仪式就开始了。参加插箭的一般为男性，只有家中无男丁时，妇女才可参加。这样的禁忌在各地的山神祭祀中都有体现，隆务河的六月会要求更严格，参加插箭的男子还必须在山神庙过夜，避免同房，女子只能做准备工作。对这一禁忌人们的解释是：女人的软弱会影响山神的斗志，还认为女子是不洁的，会冲撞了神灵。在汉族节日中也有类似的禁忌，比如祭灶神时，女子要回避。民间的解释是，灶神是个白面书生，女子在场会惹出是非。[①] 学界认为这是父系社会代替母系社会遗留下来的习俗。为了维护男权的统治地位，在习俗中就要抬高男子的主导地位，在日常生活中女子母亲的角色以及在家中承担的主要劳作角色时时威胁着男子的权威，农业和牧业及半农半牧业经济生活中女子实际承担的义务有时超过或等同于男子，加上养育孩子的责任使母性的权威大有凌驾于男权之上的势头，于是封建男权的统治者适时地制定出女子禁忌的诸种习俗，以有效降低女子的地位和在家庭的威信。[②] 所以只有在家中没有男丁的情况下，妇女才能参加到插箭仪式中。

插箭的翎箭是一种象征性的翎箭，用一根削去树皮、没有树杈弯扭的光滑树干制成，在杆梢捆上柏树枝和白羊毛，绑上三角形的云纹彩板（一般涂成虎黄、黑白云纹吉祥图案），短则一丈余，长则十丈多。祭祀的人双手高擎自己的翎箭，按顺时针方向缓缓绕煨桑台一圈，然后绕插箭垛三转，之后再把箭插进垛围中。人们再一次狂热地吼着战神的英名，欢叫"拉加啰"，按顺时针方向围绕插箭垛转圈。有马的则骑着马绕插箭垛狂驰，给山神助威添胆。有些地方甚至把真刀真枪插在箭丛中表示自己的敬

---

① 汪金友：《中外节日掌故》，中国社会出版社1990年版，第186页。

② 李贞德：《汉唐之间医书中的生产之道》，载李建民主编《生命与医疗》，中国大百科全书出版社2005年版，第94页。

仰和虔诚。插箭完毕，多数人下山，仍有少数人留在箭垛前。他们中有的给战神拴缠五色吉祥彩幡，或者扯换用牛毛绳捻的通天绳，愿山神帮助自己在临终时能搭天绳去"天国"，并乞求神灵感知他们内心的苦衷，多多给予照顾；有的则在箭垛根深埋五金和五谷（金银等珍贵金属和麦子、青稞、豌豆等），然后叩头，祷告战神保佑自己财源滚滚，日子更加兴旺。在有些地区，插箭的人们还在山根举行赛马会、射箭比赛来取悦山神，喝酒吃肉，歌舞玩乐，到傍晚才骑马回部落。

第三节　圣水神湖祭祀节日

与神山信仰相比较，神湖圣水的崇拜似乎居于从属地位，这可以从两个方面来体现：其一，神湖大都以女性身份出现在神话传说或祭祀诰文中，有些还作为山神的妻子出现，比如藏区的四大神湖，玛旁雍错（ma phm gyum mtsho）、纳木错（gnm phyug mo mtsho）、羊卓雍错（yu vbrog gyu mtsho）、赤雪嘉木雍错（青海湖，khri shog rgy mo gyu mtsho）都是女性神湖，其中玛旁雍措是神山冈底斯的妻子。在人类社会父权制影响下，神系社会中也势必以大多数的阳性神山为主导；其二，在藏族传统的祭祀节日里，神湖的祭祀虽然也占据很重要的地位，但比较起神山祭祀的盛大与普及，其影响就略显逊色。从后来苯教整合神灵体系时把神灵分为三界：天界赞神、地界年神、地下鲁神，也可以看出作为水神的总称鲁，地位次于年神。但毫无疑问的是，神湖崇拜也是源于原始泛灵多神信仰，其形象虽然没有山神暴戾、可怖，不会像山神一样地动山摇、雪崩洪泛，但人们通过历来的观察，模糊地认识到二者的关系，比如湖水的气象变化预示周围山神可能会有所行动，或者山洪的迸发会引起湖水暴涨，淹没人们的家园，这些古老的经验还未来得及升华为科学认识就被宗教蒙上了层层神秘的外衣。

一 苯教的鲁（klu）神

在苯教经典以及民间传说中把与水有关的神统称为鲁，霍夫曼在论述藏族的宗教时写道："这些龙（鲁的变音）的最初居所是河和湖，甚至是一些井；他们在水底有家，守卫着秘密的财富。"[①] 比如甘南地区的洮河藏语称为渌（鲁）曲，就是以鲁神命名的河流。甘南还有条白龙江藏语称为舟（珠，vbrlug）曲，在同一区域对河流有两种截然不同的称法，使人费解。鲁和珠很相似，二者的作用都是和水有关，有学者认为，鲁是水神的总称，鲁神的化身可以是水中生长的各种动物，比如蛙、蝌蚪、鱼、蛇等，这也是早期泛灵崇拜的体现，而珠则是专指龙，龙是鲁神的一种。白龙江是因为源头有两块龙形的白石头而得名，从这也可以看出珠是定了形的神，不同于鲁泛指水族生物，也可以无影无形随时能够附身在这些生物上。至于珠的由来，学者认为是藏地自古以来的称呼，认为珠的形体是约四千年前的人们根据水、河流的形状特点而创造出来的，后期的原始宗教并用它代表四大元素中的水[②]，这一形体接近于鲁神中的蛇，后来受到印度及中原龙形象的影响，形象逐渐固定为现在我们所熟悉的龙。因此鲁并非汉族文化中的龙，这一称法也就不是受中原文化影响而来的，而珠对应的才是中原的龙，无论是从珠的形象还是从其所承担的职责都多少受到中原文化和印度文化的影响，如果按一些学者推测的，龙和鲁发音相似，形象作用也一样，那么就没有必要在用珠这个词来对应中原的龙了。

鲁的历史应该要早于珠，鲁是先民对于水中神或者精灵模糊的概念，其不但形象模糊，可以是鱼、蛙、蝌蚪、蛇，而且职责和作用也很复杂，居住地也是多种多样的，有江河湖渠，也有居

---

① 丹珠昂奔：《藏族神灵论》，中国社会科学出版社 1990 年版，第 4 页。

② 才让：《简析青藏高原上的龙文化》，载王继光主编《中国西部民族文化研究 2003 卷》，民族出版社 2003 年版，第 430 页。

住在地面的，有一本苯教著作中写道："鲁住在一种奇怪的山尖上，在黑岩石上，他的峰像乌鸦的头一样，也住在猪鼻子似的土堆上，像蜗牛的川上"①。而珠形象比较固定，住所在大江大海里，在后期地位明显高于以往，住所也多在天上，白云间，如《舟曲寻运曲》中说："到天空中去寻运，巧遇青龙之运"，"空中之间有三条路，是青龙腾飞之路"。② 从职责来看，藏学家丹珠昂奔将鲁神体系分为早期、中期、晚期。留意一下早期的鲁似乎与天界无关，冰雹雨雪与年神的关系也更为密切，鲁的灾难更多地被描述为与饮水有关的皮肤疾病、水疱、中毒生疮，这样的病被称为龙病，先民那时应该模糊地认识到这些病和饮用水有关。鲁有了行云布雨的职责是在中后期，这时中原农业经济以及印度佛教文化的影响更深更广，两地的龙文化作用于鲁系一种的珠使之逐渐的分离出来，升上天宫专职布雨。但是在祭祀水神时，又是以鲁神为主的，如苯教师主持的祭祀一般都在大江神湖边，煨的桑也称为鲁桑，这样的祭祀也包含了珠在内的所有水族神灵，祭祀的目的也比较丰富，除了求雨（鲁中的恰布主管）、除灾去祸、免受战争之苦（鲁中的却热主管）、龙病（鲁中的僧波主管）折磨等都在祭祀之列。相较于汉族的祭龙王爷为求雨去旱灾，藏域的鲁的职司要复杂得多。

二　藏传佛教对鲁神的影响

佛教中对应于鲁的司水神称为"那伽（nvag）"，形象是人首蛇身，龙王龙女的形象更为拟人化，而且龙的世界很庞杂但是也有一定的体系，《金光明经》言有两万八千多个龙王，并有广大的眷属，龙不再居无定所，有华丽的龙宫，龙宫中藏有珍奇宝藏，所以佛教的龙除了行云布雨，主管江河湖泊，还是地下财富

---

① 丹珠昂奔：《藏族神灵论》，中国社会科学出版社 1990 年版，第 4 页。
② 才让：《藏传佛教民俗与信仰》，民族出版社 1999 年版，第 110 页。

的所有者、守护者，在佛典壁画中时常可以看到龙王向佛祖献宝的画面。这也难怪，许多当时的珍宝都与水有关，珍珠、珊瑚、水晶，在人们还没掌握矿石冶炼金子的时期，水流冲刷矿石让人们从水中可以得到完美的金子，这些似乎都是水族神灵的赏赐。佛教经典中的这些那伽和鲁有很多相似之处，所以藏族译经师就以鲁来对应那伽把梵文佛经译成藏文。这也进一步证明了鲁是本民族原有的神灵称呼，而且其作用与那伽类似，否则译经时没有对应的藏族人所熟悉的称呼就只能音译了，那么藏文佛经中就不会出现鲁①，后期藏传佛教参与的民间祭祀神湖圣水也就不会称为鲁桑了。

这一时期藏域的鲁接受了那伽的形象，出现了许多人身猪头、牛头、马头、鹿头的鲁神，他们又都有共同的特点——蛇尾。主司的职责也有了变化，除了降雨、水族兴盛、避免人们得龙病外，民间也接受了其财神的形象，在甘南等地的藏族家庭中，鲁神的信仰很普遍，除了每年的神湖祭祀外，家里还要专门安置鲁神像。安置的仪式很隆重，要到寺院请来专门的画神像者，藏语称"拉索"，在院子里选定一处，挖一个深1米左右，直径为1.3米左右的坑，取出不洁不净之物填上白灰，然后用指南针测对方向，用圆规度量画一个正方形，然后撒上牛奶，用工具推平，开始绘画，把正方形的每边分成90段，用红线、白线或者蓝线对连，四边的360个分割点代表藏历的360个太阳日，鲁神像就画在正方形中间，神像的形象一般是人身鱼尾，头部伏有七条蛇，身上穿着袈裟。② 这又是典型的佛教那伽的形象。画完像后要举行祭祀仪式，以后也要定期供奉。这种仪式是专在搬迁新居时举行的，为的是将财神请入新居，为人们招财进宝，保

---

① 才让：《简析青藏高原上的龙文化》，载王继光主编《中国西部民族文化研究2003卷》，民族出版社2003年版，第428页。

② 华锐·东智：《拉卜楞民俗文化》，青海民族出版社2004年版，第72、73页。

佑家人吉祥安康。可以看出，民间日常的祭祀，鲁神主财富的职责更明显些，大的节日祭祀或遇旱灾的集体或官方祭祀才显现鲁神的原有职责。

可以说，现在安多大部分藏区鲁神从形象到职司，再到祭祀的仪规，都在保留部分传统习俗基础上接受了佛教再造，佛教对水神文化的影响要远大于对本地山神体系的影响，这也许是由于佛教发源地印度属热带雨林气候，湿热的环境滋生了更加完善的水族生灵体系，其中包含简朴的与水相关的生产经验结合宗教的强大的心理影响力，这使藏域的水神更易接受重塑再造。

三　汉地水神祭祀的影响

汉地的龙文化对安多藏区鲁神信仰也有着不同层次的影响。在吐蕃统治时期，龙多见于宫殿、庙宇的修建装饰中，吸收了印度和中原艺术风格。[①] 安多藏区与汉地接壤，民间的水神信仰自然是互相影响，各取所需地融合在一起。中原统治者的皇威也时常涉及安多著名的神湖——青海湖，其一度成为中原王朝的关注之神，唐代唐玄宗天宝十年（751）正月，曾封青海湖神（西王母）为广润王，遣使礼祭。之后由于变乱，一度中断。到宋仁宗康定元年（1040），遣使通告，加封青海神为通圣广润王，以中原祭礼祭祀。以后的中原政权也都很重视青海湖的祭祀，以此为由来控制环湖居住的藏族和蒙古族部落，同时增强了祭祀神湖仪式的盛大威严，给祭湖增添了诸多汉地王仪，时至今日青海湖祭祀已演变为安多地区盛大节日。

---

① 才让：《简析青藏高原上的龙文化》，载王继光主编《中国西部民族文化研究》2003 年卷，第423 页。另，敦煌藏文本 P. T. 239 的抄写者经石泰安先生研究认为，该佛教徒（作者）"可能是汉人，或者肯定是在汉族影响的背景下写成的，因为它于其末尾加入了一种典型汉地龙的漂亮图案。他很可能曾在敦煌城或该地区供过职。"似可说明汉地龙对吐蕃人来说并不陌生。石泰安著，高昌文译：《有关吐蕃苯教殡葬仪轨的一卷古文书》，中国敦煌吐鲁番学会主编《国外敦煌吐蕃文书研究选译》，甘肃人民出版社1992 年版，第263 页。

　　重视青海湖海神祭祀的目的是彰显中原王朝海纳百川的胸怀，没有强制性改变神湖的本原，保留了祭祀的基本风俗，客观上还增强了青海湖在地方区域神圣的地位。而明王朝在安多洮河流域藏区实行的大规模造神运动，则带来当地风俗大的变化。这里造的神又多为水神——龙王，洮河地区与秦州泾川汉族聚居地毗邻，这些地区雨水相对丰沛，仰仗农业为主业，龙王信仰在此很普及，龙王庙林立，古籍中也多有记载当地的龙王祭祀。民间信仰的交流为明朝造神奠定了基础，为了安定戍边将士的军心，明朝统治者将明朝开国元勋，有功将领分封为各地神祇，其中洮州十八大湫神——龙王分别是常遇春、徐达、胡大海等将领，并按典制每年祭祀，形成当地藏汉百姓共同参与的农历五月的迎神赛会，赛会自然是融合了两民族祭祀仪礼，使双方都能接受这一神祇。笔者在卓尼采访时，当地的藏族百姓还是称冶海为常爷池，常遇春的传说在当地知道的人也很多，这大概是传说中常遇春娶了藏族女子为妻，当地藏族人称之为姑爷。武沐先生认为这样的现象是当地汉、藏民族对民间通婚的认同与美化①，其言甚是。笔者认为这也是对双方祭祀神祇的认同。因此当地水神节日祭祀成为安多藏区别具一格的文化风景，吸引诸多学者研究的目光。

四　水神祭祀的节日

1. 青海湖（mtsho song po）祭祀

　　安多藏区最隆重的水神祭祀节日，莫过于青海湖神的祭祀。青海湖藏语称为"拥措赤雪甲摩（gyu mtsho khri shog rgy mo）"，蒙古语称为"库库淖儿"，是藏区四大神湖之一，其神圣地位受到历代中原王朝的重视。青海湖的祭祀由来已久，在唐朝时期就被纳入官方祭仪中，唐玄宗天宝十年（751）正月，曾封青海湖神（西王

---

①　武沐：《洮州湫神奉祀文化的解读》，《中国民族学集刊》第2辑，甘肃民族出版社2008年版，第177页。

母）为广润王，遣使礼祭；宋仁宗康定元年（1040），遣使加封青海神为通圣广润王；清雍正元年（1723），蒙古亲王罗卜藏丹津反清，年羹尧、岳钟琪督军进攻，人困马乏，无饮用水源，得到青海湖神帮助才凿泉得水渡过难关，年、岳将此事呈报朝廷，封其为"青海灵显大渎之尊神"，以汉、蒙、藏三种文字立碑致祭。雍正二年（1724）设置了"钦差办理青海蒙古番子事务大臣"，乾隆后简称"西宁办事大臣"，首次规定在钦差大臣的参与下，以祭海为由，每年秋季会盟。雍正三年（1725），钦差大臣到察汉城主祭。起初每年秋季由派出的钦差主祭，西宁办事大臣陪祭。乾隆三十八年（1773）礼部按祭四渎（四海龙王）之典礼，规定每年七月十五日祭海，祭海大臣协同西宁道台前往西海举行隆重的祭海仪式，届时要召集环湖公主，千百户联盟祭海，向朝廷大臣献青海地方特产，点起佛灯，煨桑赞"却卡"，众人面向大海跪拜、放鞭炮、点松枝，祭海开始，由朝廷大臣宣读祭海文，众人将祭海所献羊的头上束哈达，向羊的头上浇冷水，羊若摇头时，表示海神已收取了献物，便将13只献羊赶入海中，当奉献的羊在海水中漂浮时，将所有祭品投入海中，一场隆重的祭海结束。嘉庆九年（1804）将祭海亭移至察汉城。道光三年（1823）陕甘总督那彦成命环海八族藏民亦祭海会盟，这是藏族官方祭海会盟之始。光绪二十八年（1902），改由西宁办事大臣主祭，蒙古王公、扎萨克、贝勒及百户陪祭。其时致祭有不到者，理蕃院按规定处罚。凡扎萨克不到的扣俸银三年，依次类推。光绪三十三年（1907），西宁办事大臣为便于向海神致祭，决定修建海神庙。光绪三十四年（1908）竣工，作为固定的祭海场所。庙正殿三间、殿门及守庙兵丁的宿舍七间。正殿中立碑一座，上刻"灵显青海之神位"（西王母）七个大字，庙前有"青海胜景"牌坊；清朝时期，官方祭祀青海湖典制完备，盛况空前。

辛亥革命后，民国政府继续了这一典制，略作改变。民国2年（1913）西宁办事大臣廉兴为笼络蒙藏王公、千百户，到西海主祭，镇守西宁等处总兵官马麒陪祭。祭后向北洋政府电报说："宣布中央德意，使与祭之王公，咸晓然于民国共和之宗旨。"并表示"以率属而景从"。这次祭海时，将过去宣读的"圣旨"一项删掉了。也将海神庙中供奉的"当今皇帝万岁万万岁"牌位，改为"中华民国万岁"，跪拜礼也改为行三鞠躬。民国3年（1914）祭海后，蒙、藏王公赴兰州晋见甘肃督军张广建，进一步与北洋政府取得了联系。之后的祭海因局势动荡时断时续。民国18年（1929），青海正式建省第一年，由国民党青海省主席孙连仲派民政厅厅长王玉至海滨致祭。民国19年（1930）秋，国民党青海省政府第一次派员到海神庙祭海。

1949年以后，改由环湖的百姓民间祭祀，参与组织者多为藏传佛教寺院僧人。"文革"期间中断。20世纪八九十年代逐渐恢复，每年农历四月二十日左右，由寺僧先开始在祭海台搭建临时经堂，诵经十余日，至农历五月初四，环湖地区及周边农牧民群众都来参加祭海活动，众喇嘛、信徒数百人在活佛的带领下，开始围绕着搭建的经幡诵经，接着向空中抛撒印有鹿马的纸片，并向炉中倾倒食物；诵经完毕，神坛祭祀开始，活佛与喇嘛各执祭器围绕神坛缠绕羊毛绳，并在神坛周围插上镇邪驱妖的箭与其他祭器，霎时间号角吹响，烟雾缭绕，信徒跪拜，祭毕神坛，"祭海"正式开始，手执各种祭品的喇嘛与信徒们在活佛的带领下，到了湖边，先由活佛诵经作法事，众喇嘛、信徒高举着祭品簇拥在活佛身后，得到活佛指令后，大家纷纷将祭品抛向湖中，霎时湖水中浪花四溅，此时有许多老人、妇女跪在湖边，摘下身上的护身符用湖水洗涤，据说这天用湖水洗护身符，可保一年平安。还有许多小伙子骑着马下湖狂奔，同样也是想获得神湖的庇佑；祭祀的仪轨多保留藏族传统信仰以及苯教、藏传佛教仪式①。

---

① 青海省刚察县志编纂委员会编：《刚察县志》，陕西人民出版社1997年版，第604—605页。

随着经济飞速发展，近几年的神湖祭祀也被当地政府纳入发展经济的文化品牌，也就是俗话说的"文化搭台，经济唱戏"。但是让经济的指针导引文化的发展，指挥不当会破坏这一传统民族文化，或者破坏文化赖以生存的环境。笔者认为，几千年来唯神至上的精神信仰、生活理念并非一无是处，用神的外衣包裹着古朴的环境科学知识比干瘪的行政命令更高明，最起码保证了素有固体水库之称的青藏高原自然生态的完好，保证了上游河流的洁净。正如学者所言，神水崇拜的外延既是给世界除人以外的万物一个空间也是给了人自己一处与万物相处的生存空间。①

2. 其他地区水神祭祀节日

除了青海湖这一盛大的神湖祭祀节日外，安多各藏区都有各自居住区内信仰的神湖圣水，其中一些逐渐形成了当地有影响的地方节日。

拉卜楞境内的达宗湖、达藏措等天然湖泊，被当地群众视为神湖。每年农历六月间，每天都有前来祭湖的人群。他们各自带着伏藏袋及煨桑用品，从四面八方云集湖边。伏藏袋（藏语称"代尔口"）里面装着粮食、香料等物，小的只有几两重，大的重几十斤乃至上百斤，伏藏袋应严保素净，切不可触及荤腥物。人们在湖边煨桑，在先辈活佛指定的方位将伏藏袋投入湖内。然后退至离湖稍远的草滩上野炊聚餐。还有男女对唱山歌取乐者。这祭湖的目的在于祈求风调雨顺，人畜兴旺。② 祭湖求雨虽带着一层浓厚的宗教色彩，但流传至今增加了民间娱乐成分，所以当地群众，尤其是青年男女非常喜欢参与此项活动。

有时乡里若遇久旱，人们也会赶到湖边，先举行如前述祭湖活动，再将一宝瓶用五色彩线拴牢投入湖中，过一段时间捞上来，用手摇动，听里面有无声响，据说若求得雨时，瓶内会有奇

---

① 宗喀·漾正冈布：《卓尼生态文化》，甘肃民族出版社 2008 年版，第 296 页。
② 华锐·东智：《拉卜楞民俗文化》，青海民族出版社 2004 年版，第 70、71 页。

妙的响声。待瓶内有响声即带至久旱之地。若无响声则反复沉捞，直至有声响为止，然后请回宝瓶。宝瓶所到之处降雨水后，再将宝瓶送至湖边，投入湖内，又捞而听之，直至瓶内无声响，算是将所求之雨归还原主，并煨桑致谢。据说这种祭湖求雨的方法很灵验。① 这样的祈雨方式在汉地也很普遍，宝瓶用五色丝线缠绕很明显是受到汉族古老的龙族祭礼的影响。汉地在农历五月五端午节祭祀水神，习俗中有用五色丝荃缠祭品习俗，以前普遍认为是为了纪念屈原而以五色丝缠粽子奉祭，随着一些新的史料的发现，这一古老的习俗被推到古帝高辛氏时，在日本古代的岁时专书《年中行事抄》中保留这样的记载："五月五，荃缠。昔高辛氏子乘船渡海，急逢暴风，五月五没海中。其灵乘水神，令漂失船。或人五月五日，以五色丝荃缠投海中。荃缠变化成五色鲠龙，海神惶隐。敢不成害。后世相传。"② 有学者认为五色丝变化鲠龙海神以为同类而不相侵。总之，五色丝祭水神在汉地是很古老的习俗一直流传下来，也流传到与安多藏区。至于投宝瓶问卜汉地求雨也采用，方法有异。汉地用防水油纸把瓶口密封，投入水中一段时间捞出，如果瓶中有水气则求雨成功，还可以根据渗入的水量占卜雨量，把有水宝瓶带到村寨等待下雨，如果下雨人们要凑钱请戏班演酬神戏。③ 这种方法所依据的道理是相同的，但是各地又加上各自不同的神灵理念，日本学者直江广治认为，这一取水仪式是原始的法术，至于谁借鉴了谁很难判断，但就安多以外的其他藏区显见有这样的祈雨方式来看，拉卜楞地区取水祈雨，多少受到汉地的影响。

洮河流域藏族地区水神信仰，在前期汉藏杂居并受中原农业

---

① 甘肃省夏河县志编纂委员会编：《夏河县志》，甘肃文化出版社1999年版，第287页。

② 刘小峰：《端午节与水神信仰——保存于日本典籍中有关端午节起源的一则重要史料》，《民俗研究》2007年第1期，第166—168页。

③ ［日］直江广治：《中国民俗文化》，王建郎译，上海古籍出版社1991年版，第94页。

文化熏染已久的基础上，以明朝政令实施为依托，形成现在当地特殊的水神祭祀节日。当地龙王庙林立，龙王多为明朝受封大将，《洮州厅志》卷三《建置·寺观》载："龙王庙，邑龙神十八位，庙宇建造极多，几乎庄堡皆有。天旱祷雨于神池，其应如响，乃一方之福神也"。平时藏汉百姓遇病遇灾也都会到龙王庙烧香祈福，每位龙王又都有各自的祭祀日，规模最盛的是农历五月初五到初八的十八位龙王集体祭祀庙会，届时各乡的青壮年天一亮就用轿子抬着18位龙王像到县城外，先举行献羊仪式，然后赛神，各路人抬着各自的龙王赛跑，谁先跑到城隍庙为胜。第二天踩街游行，第三天上山祭祀祈雨，然后各自回庙。大多数藏族民众还在农历五月二十五到五月二十七到庙华山常爷庙举行祭海、煨桑、诵经、赛马和唱神戏等活动，届时藏传佛教寺院僧人也会参与祭祀礼仪。①

　　除了神湖祭祀，在安多藏区各村寨还分布着许多神泉，这些泉水与人们的日常生产生活息息相关，对于泉水的保护意识，通过修建神泉庙、神话传说以及定期的祭祀渗透到村中每个人心中。如卓尼境内叶尔村的三眼神泉，当地村民专门修建了神庙，三眼神泉的传说典故也代代口耳传袭，据当地老人说，三眼泉是随同村中居民一起从西藏迁来的，老大药水泉，老二甲巴泉，老三叶儿泉，每年农历六月祭祀神泉（见书前插图，图十）。② 在舟曲县巴藏乡背山的黑水沟，每年农历五月五，有祭水习俗。这里有一石崖，石缝中有几个石洞，平时细流涓涓，五月五这天，石洞中一股股大水间歇喷出，附近群众在这天前往间歇泉边祭水。水喷出，人们下水沐浴，进而进行一系列歌舞活动。③

---

　　① 武沐：《洮州湫神奉祀文化的解读》，《中国民族学集刊》第2辑，甘肃民族出版社2008年版，第187页。

　　② 笔者2007年7月在卓尼的访谈资料。

　　③ 甘南藏族自治州地方史志编纂委员会编：《甘南州志》，民族出版社1999年版，第1772页。

第四节　赛马会

自古以来藏族在逐水草而居的游牧生活中，马是牧民不可或缺的代步工具，是牧民生活中最忠实的伙伴；马也成就了吐蕃王朝雄霸草原的大业，精锐的铁骑是吐蕃与唐王朝分庭抗礼的重要武器；马又是商贸互市的重要物资，维系着安多周边藏汉百姓友好交往，促进民族间文化的交流。所以，藏区原本养马、爱马，又因其重要的作用而更加崇尚之。"矫健的骏马备上金鞍，英武的青年骑在上面。锋利的长刀别在腰里，这三宝象征着吉祥平安，我用这三宝祝吉祥，祝愿家乡像巍峨的雪山。"[①] ——这是流传于安多地区描述藏族青年英姿的民歌，歌中把马、青年、长刀比为吉祥三宝，可见马在藏族人心目中至高无上的地位。因此有关马的盛会遍布草原各部，凡是重要庆典，比如祭山神、水神，部落会盟，寺院法会，都要以赛马来显示隆重和人们的崇敬之情，重要庆典没有了赛马助兴就好像宴席缺少了歌声和美酒。有些地区还形成了专门以赛马为主的盛会，这是马的节日，是崇尚、酬劳马的神速、勇猛、耐力、灵巧的节日。

一　赛马会的由来及节日化浅析

赛马会的起因，各地说法不一。有人将望果节与赛马节并称，认为这两个历史悠久的节日分别是藏族农区和牧区年节的前身；有说是源自尚武精神，一千多年前的格萨尔就是赛马夺魁而称王的；有的认为是政府收税官每年夏天来征税，需召集牧民，顺便举办赛马会，庆贺完税；或认为开始于后藏的江孜，江孜法王为纪念父亲每年祭祖，到藏历火鼠年（1408）祭祖时，除展现佛像轴画和跳神等活动外，还有跑马、角力、负重等娱乐活动。

---

① 笔者 2008 年 1 月在天祝访谈资料。

到 1447 年又增加了跑马射箭等，从此，江孜开始逐渐形成达玛节——跑马射箭节。① 而藏北人的说法是：13 世纪上叶，西藏归入元朝版图，受元世祖忽必烈敕封的西藏萨迦法王八思巴，继吐蕃王朝之后，创建了西藏历史上第二个统一政权——萨迦王朝。为纪念这个历史性事件，西藏各地在七八月间，纷纷举办以赛马为主的各种民间文化体育活动，历时三五天，还有当雄赛马会当地流传是元统治时，驻扎在此的蒙古部落传入的②。

这些源起的说法都有一定的道理，反映了不同时期赛马会的功能，也可视作赛马会不断发展完善最终程序化、节日化以及藏区马文化逐渐丰富的三大动因。

其一，作为草原牧人年终的丰收庆典，在羊肥马壮之时，人们欢聚在草原歌舞畅饮，大快朵颐，赛马自然是不能少的娱乐项目。

其二，藏族氏族部落时期，牧民上马为兵，下马为民的军事制度，使赛马除了娱乐外，又担负起练兵大检阅的功能。平时的放牧对赛马的要求不会如现在的赛马会那样如此繁杂多样，只有战争，关系部落存亡的大事才激励人们千方百计地提高战马速度、耐力、骑射能力。而且在赛马会上的出色表演往往成为功成名就的好时机，格萨儿在甘南达九滩草原上赛马称王的史诗传说就是很好的例子，说明在人们心目中赛马会是选拔保卫家园的雄强战士的比武场，这就好像中原选拔治国人才的科举考试一样，所以赛马的过程不断地丰富完善，马分"走马"、跑马，项目有长途赛、短途的高速冲刺、跑马打靶、快马射箭、捡哈达、马上花样表演，等等。选马驯马的方法也别出心裁，力求选出最优秀的勇夫良马。现在天祝藏族自治县每年的赛马会人们还要争着为头马披红挂彩，称慕不已，俨然就是状元及第的风光。

其三，以上两个动因还不足以让赛马会成为自古至今，流行

---

① 尕藏才旦、格桑本：《雪域气息的节日文化》，甘肃民族出版社 2000 年版，第 102 页。

② 同上书，第 98 页。

于藏区南北，深入每位藏族人心中的节日盛会，经济的动因或许才是最根本的。随着吐蕃王朝的东征西扩，民族间的交流日益频繁紧密，商贸互市成为和平时期交流的重要平台，也促进了和平的长久保持。绢马互市、茶马互市应运而生，安多地区更是成为马贸易的主供地和交易集散地。自唐朝以来，互市主要以回鹘绢马贸易为主，吐蕃占领河陇后，商贸通道一度为吐蕃掌握，这样的局面一直延续，虽然吐蕃王朝覆灭，但安多大部仍然归吐蕃各贵族统治，有宋以来，西北商贸互市也就以蕃族各部为主了。马贸易是宋朝边市的主要项目，为了应付契丹、西夏，宋军队需要大量优等的战马，而安多各藏族政权各自为政互不统属，为了生存他们又不同程度地依赖中原王朝的扶持，于是双方设立互市各取所需。安多地区在历史上是有名的牧马区，秦汉时期山丹骏马就为王家专用，据说这里的马是来自大宛，被汉武帝命名为汗血天马。[①] 历经各朝各代，安多这块优良牧场融合了西番马、西域天马、蒙古马以及传说中的各种神马（海心山的龙驹、马牙雪山的白马），集名马基因于一身的安多马成就了安多马区的美名，宋人称之为"吐蕃奇骏"。宋朝大部分军马来源于安多的市马和贡马，宋真宗时期，对安多买马额最多为30054匹，而这一时期宋朝马贸易全国总量为43000多匹，安多马占70%[②]，其他时期根据战事需要，买马数有增有减，但安多马所占比例都大于其他地方。宋朝为了稳定江山，对安多采取"结以欢心，谈以厚利"[③] 的马价政策。优厚的利润极大地提高了安多民众养马、驯马的积极性，部落统治者更是以此为增加税收、保境安民的好产业。赛马会于是成为了集娱乐、集会、商贸、竞技、选拔于一体的不二选择，有深厚民间传统、民族文化做铺垫，又有丰厚的利

---

① 杨建新：《中国西北少数民族史》，民族出版社2003年版，第154页。
② 汤开建：《宋金时期安多吐蕃部落史研究》，上海古籍出版社2007年版，第359页。
③ 李焘《续资治通鉴长编》卷51"咸平五年三月癸亥"条。

润吸引，于是上到统治者，下到牧民百姓都积极踊跃地投身这一赛马的盛会，推动藏区马的盛会、马的文化达到繁盛的顶点。

现代，在原有赛马助兴节目的基础上，安多著名产马地又新兴了诸多专门的赛马会，如天祝县岔口驿以产岔口驿"走马"而著称，这里每年都举办赛马会，据说这个赛马会就是宋朝茶马互市时创立的，一直保留到现在。① 这里举办的赛马会还吸引着青海、西藏四川等地的马贩来选购"走马"。天祝县的藏族骑手华藏说："自己参加过许多藏区举办的赛马会，在小小的天祝县，现在每年要举办数百次各种档次的赛马会，这些赛马会既是民族体育运动会，也是马匹的买卖交易会。因为天祝出产的'走马'在西北地区很有名，不论是放牧、耕地还是用作交通工具，都非常好使，卖价也好，所以近几年来，贩马成了天祝地区最赚钱的行当，几乎家家户户皆贩马。"身为牧民的华藏，现在家里饲养着13匹马、40多头牛和300多只羊，每年的牧业生产可以使他有两三万元的收入。但他每年还是要花几个月时间走南闯北去贩马。华藏说："现在一匹'走马'，价钱低的几千元，好马则可以卖到两三万，利润很可观。而买卖马匹的最佳场所就是赛马会，在赛马会上取个好名次，当场就可以卖个好价钱，同时也可以买入有潜在升值价值的马。"为了贩马，华藏不惜远赴青海、西藏等地自费参加各种赛马会，买卖马匹已让他获得了不菲的收入。

由此可以看出，保留下来的安多传统的赛马会商贸集会经济的功能仍然占据主导地位（至少就目前为止），其既是传统的民族节日和民族体育盛会，也是农牧产品物资交流会和马市，现在更是当地政府发展旅游业吸引各地游客的民族文化盛会。如果能够把近期的经济利益与远期民族文化保护相协调，以民族文化保护为最根本目标，相信这样的开发会使这一盛会得到更好的传承

---

① 天祝县志编纂委员会：《天祝藏族自治县志》，甘肃民族出版社1994年版，第802页。

与发展，也就能更长远地带动当地经济的良性发展。

二　安多地区著名的赛马会

赛马通过藏族地区各类节日、庆典、宗教仪式、集会等传承，流传到现在，有些节日原本的目的意义弱化，赛马倒成为主要项目，以至出现了许多以赛马会命名的节日，其中著名的安多赛马盛会有天祝赛马会、盘坡赛马会、拉卜楞赛马会、青海赛当东本赛马会、阿坝嘛呢会赛马等。

1. 天祝赛马会

天祝地处古丝绸之路要冲，沿 312 国道古驿站星罗棋布，岔口驿良驹自古闻名遐迩。历史上受商贸、战争和民族生活习惯影响，天祝赛马和马术表演自成体系，并作为一种特殊的人文景观被保留下来。

天祝各乡镇都有自己的赛马会，以官方和民间共同举办的八月一日抓喜秀龙滩赛马会最为隆重；另外，每年二月二岔口驿走马会也吸引不少人来选马观赏；其他还有松山赛马会、古城赛马会、朱岔赛马会、东乡坪赛马会、天堂赛马会等近十多个乡镇定期举办的赛马会，时间大致在六月、七月、八月间。[①]

天祝赛马分跑马和"走马"两种。跑马赛是 5—20 公里的速度与耐力竞赛，一般情况下预决赛一次完成，若骑手中途落马，赛马自行冲到终点也计名次。一般取前 13 名，尤其对第 13 名要重奖。对此有几种说法：一是说很久以前，华锐部落有英勇善战的 13 个兄弟，其中最小的弟弟才华出众，英勇过人。在一次自卫战中，13 个兄弟全部牺牲了；为纪念他们，每年举行赛马会便取前 13 名给予奖励，尤其对第 13 匹马特加一条哈达，以表示敬重。另一说是，松赞干布迎娶文成公主时，举行了盛大的赛马

---

① 天祝县志编纂委员会：《天祝藏族自治县志》，甘肃民族出版社 1994 年版，第 749—751 页。

会，松赞干布得了第 13 名，众人特向他敬献哈达，表示祝贺；还有说和格萨儿王 13 岁赛马称王有关；另一种说法是以天祝境内十三战神信仰为依据形成的这一风俗。在藏区对于 13 这个数字的信仰由来已久，苯教护持国政时就有，如王子一般长到 13 岁，国王就会攀天绳回天国，由王子即位；第一代聂赤赞普是由 13 位法师肩架而来，苯教师占卜用的绳也是 13 条，另外大通河流域有 13 位山神守护，等等，这一古老的习俗被各藏族部落以各自的解释传承下来，也显示了天祝藏族与藏域腹地一脉相承的渊源关系。①

天祝赛马最有特色也是最令当地人引以为傲的是走马赛。走马赛一般是 100—200 米短距离的比赛。比赛时要求赛马侧快步朝前飞走，骑手要姿态完美，人马配合默契，若赛马踏错步伐或跑步，则为犯规。走赛马一般分为几个小组先进行预赛，再按成绩进行复赛，最后决出进行奖励。

"走马"之所以闻名是因为"走马"不是任何马都可以训练成的，一匹好的"走马"除了训练还要有先天的基因，据说天祝的"走马"是早在汉代前与西域的汗血天马以及月牙泉边时隐时现的神马交配而来，为了得到这样的马，大汉天子不惜发动大规模战争，越数千里来争夺宝马，当然后来的史学家认为马不过是这场战争的借口，但是以此为借口也足见这马的珍贵了。融合了西域、汉、蕃等马的优良基因而成的天祝"走马"，再加上前辈们不断总结升华的训马经来训练，使"走马"的威名保留至今。在每界拉萨赛马会上"走马"的来源地大都是安多藏区，而其中又以天祝为最好，青海金银滩大草原的牧马训马者都要来此选马、配马种。"走马"的好处在于：其他马是对角线起蹄，奔跑时四蹄分四次着地，身体也是上下奋力，人长时间乘骑上下颠簸，人累马更乏，而天祝马由于有"走马"基因，除了可以表演类似西洋马跳舞般的步伐外，奔跑起来四蹄对侧着地，速度越快

---

①　乔高才让主编：《天祝史话》，甘肃文化出版社 2004 年版，第 187 页。

对侧步点越明显是两点，这样两侧着力跑起来身子自然就左右摆动，骑者只要掌握好马的节奏人和马都会轻松很多，这马无疑是速度与耐力的完美结合，这在靠战马长途奔袭的冷兵器时代是提高作战能力出奇制胜的最好选择。

天祝"走马"近年依旧名声渐赫，吸引了众多马贩和外地骑手，每次赛会上都有不少马匹被外地马客看准选走。为了推动这一民族体育活动，县上 2000 年投资 30 多万元，按国家标准改造赛马场，为早日承接国家级赛马比赛和表演作准备。

赛马会上还有马术表演，除跑马射击、马上飞石猎物之外，最普遍的是"飞马捡物"，在马飞跑当中捡拾地上的石子或哈达。最让人惊叹的是"镫里藏身"，骑手把身子侧向马的一侧，手抓马鞍或马鬃，身体缩成一团，从马另一侧看马上无人。另有马上站立、马跃障碍等。

2. 青海门源盘坡赛马会

盘坡赛马节，又称盘坡草原盛会，还称峨堡会，是青海省门源回族自治县附近的藏、蒙古、土、回、汉等各族人民参加的盛大赛马会。于每年农历八月间，秋高气爽，膘肥马壮的时候举行。这是一个民族大团结的盛会。

节日的早晨，太阳从祁连山冉冉升起。参加比赛的骑手和附近的农牧民，纷纷赶到盘坡草原，宁静的草原顿时人山人海，热闹非凡。赛马场外，锣鼓喧天，彩旗飘扬。参加比赛的骑手们，英姿飒爽，骏马昂头挺立。一声炮响，赛马开始，只见一匹匹骏马四蹄腾空，尘土飞扬。骑手们骑在马上，好像闪电一样，从人们面前一掠而过。此时赛马场上响起了一阵阵雷鸣般的掌声和欢呼声。跑马比赛后，紧接着是"走马"比赛。骑手们个个精神百倍，手握缰绳，分别列组，从起跑线外的三百米的地方动起来，临近起跑线时，只听哨声一响，骑手们飞身上马，骏马一下子全都竖了起来，前蹄腾空，一嘶长鸣，接着撒开四蹄，尽力奔跑，只见骑手健儿们勇敢镇定，骑在马背上，好似草原雄鹰展翅飞翔。站在四周的观众，又一次为骑手们的高超骑艺和精彩表演，不断地大声叫好。

当夕阳西下，夜幕降临，盘坡草原又是一派景色，一堆堆篝火熊熊燃烧起来，清脆的歌声在各民族的乐器伴奏下，在草原上空回荡。藏、蒙古、土、回、汉等各族的青年男女在歌声中翩翩起舞，那些上了年纪的老人则约邀一起，举杯共饮。此时，草原沉浸在各族人民团结友好和欢乐祥和的气氛中。

3. 拉卜楞赛马会

甘南牧区和半农半牧区都有赛马的传统习俗，拉卜楞地区桑科草原的赛马节最有名气，每年农历六月十五日，桑科七大部落要在达久滩（赛马滩）举行赛马会，届时来自甘青川各地的观光游客云集，帐篷如云，万头攒动，煞是热闹。传说藏族英雄史诗《格萨尔》中的雄狮大王格萨尔，13 岁时在桑科达久滩赛马夺冠，登基称王，从此桑科草原有了赛马节。

据说为了在赛场夺冠，赛马前十天半月，牧民们就开始驯马。驯马的方法是每天给马披裹毡子跑两次，早、中、晚要把马牵到河中洗澡。一般要把马泡水或泼水，泡到肌肉发抖再牵上岸慢慢遛。这样训练过的马耐力好，跑起来不喘气。赛马可由马主骑乘参赛，也可由别的骑手骑乘。参赛的马往往要打扮得漂漂亮亮，配上美丽的鞍具，马头、马尾还要扎上红红绿绿的吉祥布条。赛马开始前要举行宗教仪式，请僧人念经。牧民们则要煨桑，向神山献旗，在山上垒玛尼堆，挂上新的经幡等，祈祷神灵保佑吉祥平安、人畜兴旺、竞赛获胜。比赛即将开始时，近百名骑手身着薄薄的黄色缎子藏装，头戴饰以雁翎、外镶红黄布面缎、太阳和月亮形的毡帽，脚穿毛线袜上场。小骑手们则由父亲牵马进入赛场，绕场一周后，再牵到指定地点。比赛项目有大跑、小跑、"走马"、捡哈达、打靶等，有的地方还有骑马点烟、马背倒立等节目。

4. 赛当东本赛马会

每年农历的六月十三，青海乐都王家湾村和营盘湾村的交接处小峨博就会举行"赛当东本赛马会"，据当地人称这个赛马会到现在已经有两百多年的历史了。"赛当东本"很久以前是两个部落，"赛当"代表青海，"东本"代表着甘肃天祝县的东坪乡。王家湾村与甘肃天祝县的东坪乡隔山相望，这个村是藏汉聚居地，赛马会实际上是藏族同胞为继承和弘扬民族优秀传统文化而举办的盛会。每年的赛马会，来自两省三县（乐都县、民和县、甘肃天祝县）的近万名群众就会不约而同地赶来，主要是为了祈求人畜平安，风调雨顺。比赛结束后，头马会被披红挂彩，马主人的亲朋好友也会赶来贺喜。如今，赛马会成了当地传统的民间娱乐活动，也成为增进民族团结、促进经济繁荣的平台。

第五节　安多地区其他地方性民俗节日

以上节日是安多乃至整个藏区普遍流行的传统节日，安多各地区还有其他一些各具特色的民俗节日，这些节日或流行于个别村寨部落或某个地区，节日的形成也有各自不同的民族渊源，有些是为纪念部落英雄或部落重要事件的发生，有些是融合当地民风形成自己独特的节日，有些反映部落迁徙历史，等等。这些融民族历史、神话传说、民族风俗习惯、民族心理于一体的节日文化是研究本地区民族文化、民族历史的很好材料，收集归纳整理这些节日的基本资料是这一节的主要目的。

一　原始祭祀类节日

1. 跳於菟[1]

每年的农历十一月中下旬，在青海省同仁县隆务河中段的年都乎村都要举行一次古老的宗教祭祀，当地人称其为跳於菟。这一仪式与其他祭祀神灵的仪式结合在一起，届时十里八乡的人会

----

[1]　同仁县志编纂委员会编：《同仁县志》，三秦出版社 2001 年版，第 724、725 页。

聚在一起举行，然后就欢歌娱乐，共同庆祝形成当地每年一度的节日活动。

跳於菟的集中地是年都乎村东头山冈上的二郎神庙。二郎神是年都乎村的首席保护神。当地人传说二郎神在天庭主管库房，因库房失窃被贬下界，玉帝命其连夜西行，天亮时二郎神正好走到年都乎村，受到村民的拥戴和供奉成为当地保护神。这个传说明显有着汉文化色彩，但二郎神庙中供奉的另外四位山神却又是地道的藏区之神，其中还有著名的阿尼玛沁山神。上午 10 时，人们陆续来到二郎神庙，主持於菟祭祀活动的是村里的"拉哇"，"拉哇"是藏语安多方言中的"神汉"，属于祖传的神职人员，"拉哇"的神职工作是尽义务，基本没有收益。7 名装扮於菟的人首先要化装，香灰抹身，然后文身，7 位青年小伙儿赤身裸腿化装成虎豹的造型，表示这几位青年将会化身为虎豹，这些"老虎""豹子"进村去为村民驱魔。"拉哇"按照秩序，召过画好的於菟蹲在二郎神庙前，给於菟灌酒——这很关键，此后於菟就成为神的化身，不能再说话了。"拉哇"进庙做"邦"，出来时，赶着於菟出了庙门。鞭炮炸响，五名於菟飞一般冲向三公里外的村中，分做两路，驱病除妖去了。"拉哇"赶着两名"老於菟"跟在后面。於菟一路跳着吸步，翻墙越宅，此时，农家院门紧闭，为的是不让躲藏在家中的妖魔逃走。每户人家都准备了肉、果品和奶茶，於菟吃了哪一家的东西，就意味着消灾解难。再上路时，主人给每个於菟一块生肉叼在嘴里，"拉哇"赶着两名"老於菟"在街巷中巡视近两小时，所有於菟都在村中老城东门汇合。村民们纷纷献上馒圈，於菟接了，也算是带走了自家的灾难与不幸。馒圈多了，由於菟家人收进口袋，这种馒圈装在生铁匣内用草木灰烤熟。可以放三个月不变质。参加跳於菟的人可以免去来年集体的重体力公差。古城东门口聚集了许多村民和参观者，於菟跳得更加卖力。有人再次给每位於菟灌了酒，这也是老习惯了，给於菟一个信号，很快就要放枪，枪一响，於菟便拼命奔向隆务河，凿冰洗身去了。现今用鞭炮替代了放枪，多余的馒圈抛给了河神，於菟洗净后跳过路旁的火堆，意在阻断魔妖和瘟疫回村的路。过去，於菟当夜是不能回家的，以免把驱魔除妖的污浊之气再度带回村里。

於菟一词在古汉语中指的就是老虎。关于年都乎村跳於菟的起源，在当前的学术界分歧很大。有"苯教说"——认为它是藏族原始苯教的遗风；有"楚风说"——认为楚地崇虎，於菟来自楚地。有相当一部分学者倾向于后者。现在四川、云南崇虎的纳西族、白族、彝族大多是由原先居住在甘青一带古羌人演变而来，而西北安多地区则是古羌人繁衍生息的原始基地。但是在安多地区保留有这样的习俗就只有这里，这又令人费解。本村老人叙述跳於菟的源起是很早以前驻守这里一个王的儿子久病不愈，请问巫师，说是要请於菟驱魔，有的还要真的打死一只於菟，以替病孩超生。这以后人们为了除晦驱魔，保佑平安就一直举行这个仪式。

2. 尕巴节①

农历十月以后，甘南藏族自治州迭部的旺藏、尼傲一带的藏族山寨，要举行一年一度的尕巴节。当地藏族群众称要尕巴为"道"（意即供食节）。"尕巴"是一种舞蹈形式，含有"欢乐者"或"欢乐的人们"的意思。尕巴活动的由来自然与原始崇拜酬神祭祀有关，只是到了后来人们才赋予世俗的意义，说是辛勤劳作了大半年，庄稼上了场，丰收在望，趁着闲暇，邻里乡亲们欢聚在一起吃喝玩乐，沟通情感，庆贺丰收，互祝吉祥幸福；通过说唱论古道今，赞颂先民筚路蓝缕艰苦创业的英雄事迹；面对严酷的生存挑战，更应坚忍不拔地勇往直前，从而达到民族团结，增强群体意识的目的。

---

① 甘南藏族自治州地方史志编纂委员会编：《甘南州志》，民族出版社1999年版，第1487、1488页

耍尕巴主要以男性为主。凡村内 15 岁以上和 40 岁以下的男子都得参加。节日将临，有一主事者预先通知全体村民做好准备，一向冷清静寂的山寨顿时热闹起来了，男人们聚集在场坝、院内，在老年人的指导下，敲锣打鼓练唱尕巴曲，排演杀巴舞；女人们洒扫庭除、煮酒蒸馍，准备上好的饮食，忙得不亦乐乎。排演期间，耍尕巴的一班人马轮流到各家各户用饭，边吃喝边跳唱，一般每家只需一刻时间，喝酒不超过两斤，如此三天之后便暂作休息。休息三天，耍尕巴就算正式开始了。这时男人们打扮一新，他们头缠白毛巾。身着藏袍，腰系彩绸带。颜面用墨汁胡涂乱抹，样子以丑陋怪异为好，一个个犹如凶神恶煞。他们手持藏刀、长矛、木棍甚而猎枪等，俨然英雄出征的态势。一切准备就绪，耍尕巴的人们在场坝排成一字长蛇阵。只听主事人点名令下，站在前头的一人双手擎举大旗引路，随后有一长者扮成主帅模样，一手执木棒，另一手提皮鞭，犹如戏台上以鞭当马，率领队伍挨家挨户祈福道喜、跳尕巴舞。一路上"主帅"领众高声呼喊，内容多是驱邪除恶，保卫山寨之类的，众人唱和的末尾都带"玛哈哈"的语气衬词，伴随衬词节奏，将所持棍棒的一头用力朝地面敲打；铿铿锵锵声震山谷，每当呼喊一段则鸣枪放炮，挥舞棍棒，雄风浩荡一路行进。

当尕巴队伍应邀来到某户人家时，主人早已备好烟酒茶饭（据说忌食猪肉）。点燃香柏松枝，于滚滚桑烟上撒些糌粑、酥油、青稞之类，意为将家中积淤的晦气和凶兆乘机化解为灰烟，众人围坐在上房火塘周边，一边喝茶吃饭，一边表演尕巴。节目依次为：夏伽琼谦（大鹏金翅鸟舞）、额班恰（法师舞）、恩白召（猎人舞）、勋白召（青年舞）、敦吉相茂哇（熊耕地）等。间或相互戏迫调侃，插科打诨，有的脸面被抹上锅墨五麻六道的，有的身上胡乱搭挂些破烂不堪的东西，老少之间的辈分也不管了。倘有人不从刨根问底，表演者反揭其短，使问者难堪尴尬，惹得众人哄笑开心，欢呼雀跃。最有趣的莫过于爬柱子，几丈高的木柱光滑圆溜兀然矗立，看谁能爬上柱顶。年轻人个个摩拳擦掌跃跃欲试。爬上柱顶后，便将屋梁上的陈灰旧土恣意抛洒到地面人头上，尘土飞扬且鼓声咚咚，杂以人声鼎沸，一派热闹喜庆的节日气氛。

当尕巴队为全村住户祝福道喜完毕，人们又齐聚村外某田头场坝，年轻人尽显其能，或摔跤弄棒，或射击赛跑，直至夜幕降临，人们筋疲力尽时，遂将所持木棒丢弃一堆举火焚烧，大家围火席地而坐，饮酒娱乐，站在一旁观看凑热闹的年轻妇女们情不自禁地唱起山歌，年轻小伙亦不甘示弱轮番对唱，彼此直抒胸臆，如醉如痴，欢声笑语高潮迭起，夜已深沉酒酣耳热的众乡邻这才恋恋不舍地各自踏进家。

3. 采花节①

采花节是甘南舟曲县境博峪部落的传统节日。博峪是指当地藏族中博峪、插岗、铁坝、拱坝、八楞五部落联盟，他们在历史上不与外界通婚，自成体系，是典型的森林社区。博峪人的装束、语言等特征与安多藏区有较大的差异。据说博峪一带的藏族是吐蕃时期从西藏林芝的工布江达、波密等地征发戍边的部落兵团，其中有相当一部分还是亲兵。

采花节又叫"珠玛托地"采花节。"珠玛"是猴子，"托地"是采花，花是结籽（果）的，为生育繁殖的象征。以花赠无子之家，是为祷祝生育兴旺。据博峪藏人的传说。很早很早的时候，博峪有一个名叫莲花的聪明美丽的姑娘，是她教会了博峪人开荒种田、纺线织布，改变了人们过去以野菜猎物充饥、树叶兽皮当衣的原始生活习惯。莲花姑娘常常上山采来百花给乡亲们治病。有一年五月初五，她又上山采花，结果遇到狂风暴雨，坠死于石崖下。从此当地人把五月初五定为纪念莲花姑娘的日子。为了发

---

① 甘南藏族自治州地方史志编纂委员会编：《甘南州志》，民族出版社1999年版，第1772页。

扬莲花姑娘的无私奉献的精神，博峪人通过姑娘们上山采枇杷花这一特别形式来纪念莲花姑娘，这渐渐成了当地全民性的节日。

采花节的前期筹备工作从四月十四日起就着手进行，当地15岁以上30岁以下的女子，都要集中参加歌舞训练。五月初四一早，每家至少要派一男一女上山去敬拜山神。该去而不去的适龄妇女会受到重罚，并被社会所蔑视。陪伴每位姑娘的男子必须是至亲，意蕴关心、监护、支持、保护女性的内涵。男人们背着刀枪干粮，举寨约集上山。爬山时禁止调笑，以免亵渎神灵，惹神大怒。男男女女都神情庄重、缄默不语，表示对神的无限敬仰崇拜。但疲倦寂寞时，姑娘们也用对歌的形式相互盘问，对得兴致勃勃，忘了一路困顿。上山的人们，每到一处有"神"的石岩、山泉前，便开始祭神娱神。男人们先叩首、焚柏枝、煨桑烟，然后鸣枪给神助威添胆。女的则相聚跳舞、唱歌、颂祷词，以娱悦该地的神灵。

到了神山顶上，他们要隆重祭祀当地最大的两位神祇，一位是牧羊大神，另一位既是祖先神，又是战神、狩猎的山神。仪式基本上与上山路途上拜各路神相似，不同之点是，要集中唱一首歌颂本部落先祖是如何完成从猴进化到人的历程的歌。歌词大意是：

十分遥远的远古人，人本是猴子中一伙，
与其他野兽差不离，但比其他野兽聪明，
会穿树皮会用石器，会打猎，还有其他本事，
猴子才变成了人。
从猴子变成人，最早靠杀鹿充饥，
那时还没有粮食，起初是用石头打，
到后来用木棍打，再后来用了弓箭，
人吃的粮食从哪来？粮食原本是草籽野果，
是母猴来播种的，后来就变成了粮食。

敬过神，唱罢这首祭神的创始歌，人们才开始宴饮歌舞，与神共乐。博峪五部中插岗、铁坝两部在过采花节时，还要选人扮成猴，披着猴皮，到每家每户祝福，诵唱吉祥歌儿。各家各户都以欣喜的心情恭迎、送行，临别还要慷慨送礼品酬谢。

献祭之后，有血亲关系的男女就分开活动了。是夜，全体人员宿在山上，亲身体验莲花姑娘的艰辛，缅怀祖先的功德业绩，以实际行动祭奠先祖。但年轻人不甘寂寞，围着熊熊篝火，通宵达旦地进行对歌活动。五日一早，人们下山。姑娘们沿途边采花边歌舞，用采来的花装扮自己。同时，还要唱怀念的歌儿向莲花姑娘依依惜别。

采花归来的队伍进村时，等候在村口的人们会鸣火枪致礼欢呼。父母捧着节日的服饰在等待，孩子们提着干粮跑去迎接，采花队伍前呼后拥边走边唱，由全村人送进一座公用大厅里，人们拿来青稞酒为他们洗尘。此情此景下，姑娘们又手挽手、肩并肩地再次跳起"婆婆舞"，深深怀念莲花姑娘。歌舞结束，采花归来的姑娘们开始分头向全村寨的人家馈赠从山上采来的枇杷花。一般先去无儿女之家，祝愿他们花一般生育儿女。送完花，全寨人携花来到寨中广场，开始女舞男歌，围绕山花对"花歌"，尽情欢舞放歌，很晚才收场。

4. 德朵节

德朵节，是四川阿坝藏族自治州南坪县九寨沟苯教流行区域的节日。在每年冬季容易发生火灾的季节举行。节日以村寨为单位，请村人在专设的"德朵"院子内念经，每年由寨上各户轮流宰杀牛羊敬神，祈求神灵免除火灾，届时，这里的男女老少都得参加听讲，互相督促，预防火灾发生。这一节日由两个仪式组成：一是守火仪式，二是驱火仪式。守火仪式时，要在寨子中最适宜观望的地方搭一个瞭望篷，每家委派一名代表驻守瞭望篷。在晚上十二点前，寨民围寨转游，边转边唱，告诫人们防火。驱火仪式由几个寨子联合举办，持续一天。寨民均穿漂亮的新衣，念经祷告，观看由数十人组成的马队摇旗呐喊，鸣枪驱火。

二　与佛教相关的地方民俗节日①

1. 出僧官

每年农历三月十日，青海省湟中县西堡镇葛家寨村藏汉百姓要举办"出僧官"，俗称喇嘛社火的群众性集会。主要表现的是藏族群众迎接、参拜"活佛"，祈求祥和平安的一种广场表演活动。从表演前一天开始，狂欢气氛逐渐升温。到当天中午，附近村民都聚集到葛家寨村的中心广场上，高跷、锅庄、藏舞等表演奏响了"出僧官"的序曲。

在袅袅烟雾营造的神秘、庄严的氛围中，"僧官"队伍随着一阵鞭炮声缓缓步入广场，领头的是一个光头喇嘛，甩着长鞭。两个戴着鸡冠帽的黄衣僧人吹着法号紧随其后。一个由小孩子扮演的"小活佛"，在两列鼓乐僧侣的簇拥下绕场两周，落座于广场北边的高架上。随后，藏族群众中的"富人"代表骑着牛马，带着随从进场。衣着光鲜的藏族"老爷们"匍身叩拜，虔诚地为"活佛"献上哈达。这时，普通群众也吆喝着进场，争先恐后地为"活佛"献哈达、表诚心。待进场的人们"安营扎寨"后，真正的狂欢开始了。戴着牛头面具的"跳欠"队伍在时急时缓的鼓点声中跃动起来，表演者手舞足蹈、摇头晃脑、左移右转，还不时"顶牛"，引得人群中爆发出阵阵笑声。和真正的寺院神舞相比，"出僧官"上的"跳欠"更显活泼和轻松。

关于"出僧官"的来历众说纷纭。有人认为，葛家寨村的村民是从塔尔寺附近迁移到西堡镇的，他们把塔尔寺"喇嘛社火"的风俗带了过来，并世代相传。也有人说，这个习俗是村里的先

---

① 以下这四个节日在传说中与藏传佛教僧人有关，但与那些由佛教戒律、修行和教义演化而来的节日还有区别，而且庆祝的仪式基本上是民间性的，所以没有归并到佛教节日章节中，而是放在地方民俗节日中记述。

民们为了纪念一位云游至此的喇嘛而举办并传承下来的。村里的老人们说，"出僧官"的活动已经传了三代人了，只在"文革"时期停办过十几年。

湟中县文化馆研究员刘世伟研究认为，在民国时期，葛家寨和塔尔寺有频繁的经贸往来，熟悉了"喇嘛社火"的商人们把神秘的宗教法事活动作为一种文娱项目带回了村子，并加入了汉族社火的一些内容，既丰富了农闲生活，又是一种祈求风调雨顺、富贵平安的美好寄托。

2. 道帏石帐节①

道帏乡的石帐节是当地特有的民俗节日。道帏之名是由沟内一块巨大花岗石的而来，这块巨石位于贺隆布、比隆、贺庄三村中央。远远望去，仿佛是一顶洁白的帐篷扎在那里，道帏一名由此而产生，意为石帐，节日也是由此而来。

据说道帏地区以前是个苯教盛行的地方，一个名叫阿旺南杰的人受四世噶玛巴活佛乳必多杰的授记——"遥远的东方，有一块巨石像帐篷，有一座高山似佛幢，在那里修建三世佛殿，将会造化后世"，前来此地弘扬佛法。阿旺南杰来自当今四川甘孜藏族自治州境内的巴塘之地。相传他们一行人马远赴外地时，由于时逢战乱而兵器稀缺，拿九头犏牛换了一把朴刀，骑着安多地区的灰唇骏马，千里迢迢来到此地。当地说唱谚语里有"九头犏牛易朴刀，灰唇安多马为乘骑"的描述。阿旺南杰铭记活佛的预示授记，抱着一颗虔诚的心，日夜兼程，长途跋涉，路过阿尼玛沁山，经夏河甘加草原，到达道帏沟南山一个被称为"拉角山"的垭口。当时，眼前展现一条东西横亘的沟壑，此沟阳山柏木葱葱，阴山松树郁郁，中央灌木密布，是一个不折不扣的荆棘路。正当他们为如何涉足眼前深沟而发愁时，远远望见中央的灌木丛

---

① 阿顿·华多太：《循化藏区的石帐节与夏尔群鼓舞》，《中国西藏》2007 年第 4 期。

林里搭有一帐人家，灰白的帐房如此醒目地出现在他们的视野
中。大家顿时欣喜若狂，从灌木丛林劈开小路，匆匆前往，心想
讨要一些食物，借宿歇息。可是到了近处，却发现那是一块巨大
的石头。正当此时，阿旺南杰想起了噶玛巴活佛的预示授记——
巨石如帐在东方。大家继而向四周环顾时，果然看见阳面的一座
土山颜色朱红，坡面有道道小沟垂直向下，宛如一顶巨大的佛
幢。于是他们豁然开朗，原来眼下就是他们翻山越岭苦苦觅寻的
地方，随即在此定居，成为上部三村的一大部落，其至今仍被称
为霍尔盖部落。他们建寺筑塔，弘扬佛法。修建的第一个佛殿，
其造型美丽而结构奇异，屋顶由数百块方形木从四周向中央重叠
拢合形成，每块木头上都刻有各种展翅神像，殿内无一根柱子，
因此被称为"无柱佛堂"。

　　从此，那块巨石成为先辈们扎根此地的精神支柱，村民们自
古把这块巨大的石头当作一种圣物来敬崇。为了纪念先辈们到达
此地的时间，在每年的阴历五月初九日，对巨石进行一个苯教色
彩极浓的祭祀活动，谓之石帐节。为了延续先辈们鲜活的身影，
村民们还继承了一个世代相传的舞蹈，谓之夏尔群鼓舞。

　　节日当天，全村的男性老人和孩童们集中到嘛呢庙，在袅袅
升起的桑烟和白海螺的幽幽声音中，牵来一只山羊，对其进行一
系列除秽仪式之后，孩子们用马莲草和花朵编织成的各种各样的
饰物，把山羊装扮一番。老人们亲自将嘛呢庙内的各种经卷分给
每个孩子背上。孩子们领牵着山羊，背着各种经书，排成一列，
一边长调高诵六字真言，一边吹响白海螺，一路浩浩荡荡，从村
庄四周的村界田地边缘绕道而行。

　　村中的什巴（护田员）们带着各种炊具，扶老携幼，来到离
村不远处的巨石旁边，架起灶火，烧上奶茶。老人们则集中到旁
边草坪上，用炒面和柏木煨上桑烟，谓之白桑，迎候孩子们的到
来。孩子们从不远处翩翩而来时，老人们起身迎接。孩子们围着
桑烟转三圈，又围巨石转三圈，然后将经卷卸下，纷纷向巨石和

桑烟磕上三头。老人们从山羊身上卸下各种饰物，将其牵至桑烟旁边，进行活羊祭祀。活羊祭祀首先要通过授神仪轨，点燃柏木熏其全身，双角和前额各粘一块酥油，将奶水从头顶沿脊梁泼洒到全身。老人们将山羊围在中央，庄严肃穆，齐诵山神祈祷经，直到山羊打战。山羊一经打战，大伙儿高呼"拉加洛"神胜利了，说明山神已授。而后，专人将羊宰杀，掏出心、肝、肺，从嘴唇、耳朵、四肢各剜一块肉，与心、肝、肺一起置于另外一个焚起的桑烟，谓之红桑。煨了红桑之后，祭祀仪式已接近尾声。大伙儿在草坪上席地而坐，吃手抓羊肉，老人们饮酒享乐，说唱祝词，孩子们则在巨石上滑溜玩耍，直至夕阳西下。

3. 香浪节①

香浪节又称"周格索桑节"（六月逛林草之意），是甘南夏河藏区流行的节日，在每年农历六月中旬举行。据当地百姓说，香浪节与拉卜楞寺院僧人的采薪活动有很大关系，香浪就是藏语采薪的意思。拉卜楞寺刚建立时，过冬的柴薪无法满足众多僧人的需要，于是寺主规定在植物茂盛时各扎仓僧人自行到郊外采薪以备过冬。于是在六七月间僧人们结伴到野地宿营，劳作一天后也会娱乐游戏，慢慢成为定制。以后寺院的规模扩大，收入增多，柴薪可以在市场上买到了，寺主一度减少僧人外出采薪的次数和天数，但是随着寺院声名的扩大，不断有僧人入寺求学，在定期的学制里扎仓不够容纳这么多人，于是原来为采薪而立的野外扎帐又用来安置临时学习的僧人，辩经也就成为这时期的主要活动。信教民众后来也仿效僧人野外扎帐活动，只是时间要错开僧人时间或地点，一般僧人有扎帐18天的，后来减少到7天，结束后，民众就可以择址扎帐了。拉卜楞地方民众是这样解释这一活动的：农历六月、七月是最热的时候，为了避暑就来山脚下

河边纳凉消暑，还有一层意思是农区的人缅怀过去的游牧生活居住习俗，表示不忘本。以后又逐渐加入了许多藏族传统的娱乐项目，形成现在独具特色的民俗节日。

拉卜楞地区的香浪节活动丰富多彩，新颖有趣，具有一定的地方特色。在节日前几天，家底殷实的人家便开始炸油炸果，宰羊杀牛，备办节日物品，来到插箭垛下的衫坪、草滩，扯起雪白的有图案的帐篷，等待这一天的来临。在上塔哇庄香浪节上，狩鹿表演是第一个娱乐节目，把狩猎作为第一个节目也是有历史渊源的，据历史学家考证，农业是分殖于畜牧业，而畜牧业是来源于狩猎，所以狩猎是藏族人原始的生计方式，人们通过节日的方式来缅怀这一事实，让后辈不致忘记。狩猎表演由人扮演四叉公鹿，一个猎人想方设法猎获公鹿。

狩鹿过后就是赛马，凡是有马的人家必须参加，尤其是集体赛马。甘南牧区和半农半牧区都有赛马的传统习俗，只要是在节庆日或者是在重大的庆祝活动中，赛马就是一个必不可少的项目。香浪节期间，拉卜楞地区桑科草原的赛马节最有名气，每年农历六月十五日，桑科七大部落要在达久滩（赛马滩）举行赛马会，届时来自甘青川各地的观光游客云集，帐篷如云，万头攒动，煞是热闹。传说藏族英雄史诗《格萨尔》中的雄狮大王格萨尔，13 岁时在桑科达久滩赛马夺冠，登基称王，从此桑科草原有了赛马节。

据说为了在赛场夺冠，赛马前十天半月，牧民们就开始驯马。赛马驯好后，可由马主骑乘参赛，也可由别的骑手骑乘。赛马开始前要举行宗教仪式，请僧人念经。牧民们则要煨桑，向神山献旗，在山上垒玛尼堆，挂上新的经幡等，祈祷神灵保佑吉祥平安、人畜兴旺、竞赛获胜。除了赛马还有草原上独有的"抛尕"甩石竞赛。抛尕是牧人放羊发明的工具，两条羊毛绳中间接一片巴掌大的毡片，放羊时，于远处的羊走离了羊群，牧人便用小石头加在毡片中间抡圆抛绳松开绳子一端把石子打出去，有经验的牧人能够百发百中打在羊身上，力道刚好不会伤害到羊，这个工具还一度成为战场上的武器帮助藏人抵御外敌。

　　以上游戏大多是男子的项目，接下来的跳绳则是女子们的拿手好戏。一根简单的绳子可以让她们演绎得五彩缤纷，其灵巧的身姿一会儿鲤鱼打挺，一会儿云雀晚归，还时不时从地上捡起一块小石头，精彩的表演博得众人的一片叫好。当夜幕降临时，牧民们，特别是男女青年们便自发地围成圆圈，燃起篝火，唱歌跳舞。这是一年中难得的娱乐时光，也是年轻人寻找情侣的好机会。如今节日的装备益发讲究，野餐食品更加丰富，许多人把毛毯、折叠椅、电视机、行军床、收录机都搬进帐篷，现代生活也为节日增添了新的内容。

　　4. 瞿昙寺"花儿"

　　青海是"花儿"的故乡，河湟花儿是西北"花儿"的精魂，最美的"花儿"是用三江最纯净的源头之水浇灌的圣洁之花。居住在这里的汉、藏、回等各族群众，无论是在田间耕作，山野放牧，还是在外出打工或路途赶车，只要有闲暇时间，都要漫上几句悠扬的"花儿"。可以说，人人都有一副唱"花儿"的金嗓子。花儿对青海人来说像每天的饮食一样普通。

　　西北各地都有花儿会，自农历四月后相继开始。届时西北地区山花烂漫，峰青水秀，身着各民族盛装的人们熙熙攘攘，欲献绝技的歌手摩肩接踵，嘹亮的歌声此起彼伏，漫山遍野成了"花儿"的海洋。乐都县瞿昙寺花儿会每年农历六月十四至十六日举办，十五日是高峰。歌手们一边领略瞿昙寺胜景，一边引吭高歌，心情格外激动，歌声格外动听。

　　据说，瞿昙寺先开始是禁唱"花儿"的，有一年，土匪包围了寺院，当地群众被围困寺内，情况越来越危急。有一位老汉就率领大家唱起了"花儿"，歌声像风一样传向四面八方，在黑夜中越传越远。附近的香客、脚户甚至方圆几十里的人都被惊动了，纷纷用"花儿"应和，歌声从四方涌来，响成一片，土匪们越听越慌张，以为援兵已至，在漫山遍野的"花儿"声中，仓皇逃去。第二天正好是六月十五庙会，为纪念这场死里逃生的劫难，从这以后，瞿昙寺每年都有花儿会。把上香的庙会和当地民俗的花儿会结合起来，也是藏传佛教寺院中比较特殊的一例。

三　农牧休闲商贸娱乐性地方节日

1. 拉卜楞曲考节①

"曲考"是拉卜楞地区一年一度预祝农业丰收的民间活动。关于其来源，当地传说：很早以前，在一个"饿死羊"的草滩上，居住着几户牧民，生活非常艰苦。有一年大旱，草滩变为焦土，人们只能背井离乡，去别处谋生。有位牧羊老人舍不得离开留了下来，并且日夜对着神山祈祷，希望神灵保佑家乡变好，乡亲能回来团聚。老人的至诚感动了掌管一切善神的地藏神，于是派三个弟子来到当地，大弟子化作五谷种子，长出五谷杂粮供人食用；二弟子变成耕牛，帮人耕种；三弟子划为水源，浇灌滋养草原和农田。原来的荒原变的水草茂密，五谷丰登。人们也陆续返回家园。为了感谢老牧人及神灵的保佑，每年庄稼成熟时，家家户户都要到田间地头，举行盛大的丰收庆典，摘下第一只果子、第一缕麦穗，放在火上供奉给神和老牧人，日久天长就形成了现在拉卜楞一年一度的民间活动—曲考。

曲考源于古老的土地神祭祀，后来加入了宗教内容。现在的曲考仪式基本上是由藏传佛教僧人参与主持。首先要请高僧选定吉日，然后背上从寺院借请来的经卷，手持嘛尼桶、念珠，颂唱"嘛尼"按顺时针方向绕转村子以及农田，结束后，归还经卷时每卷经卷上加献一条哈达表示感谢与虔诚。

---

① 华锐·东智：《拉卜楞民俗文化》，青海民族出版社 2004 年版，第 124—127 页。

2．瓦尔敦节①

是青海刚察县的传统节日，瓦顿藏语庆祝羊毛丰收的意思。每年农历六月上、中旬，草原上牧草茂盛，百花盛开，羊肥奶鲜时节，刚察藏族在夏季牧场举行"瓦尔敦"。牧民们在绿草如茵的草地上欢聚，载歌载舞，举行赛马、射击、摔跤、宰羊比赛等传统节日活动，其时间三五天不等。

"瓦尔敦"已经多年不举行了，2007年7月18—20日，中共伊克乌兰乡委、乡人民政府借助本地优良羊种"大白毛"首次竞拍的大好时机，成功主办了近年来规模较大的一次刚察·伊克乌兰木里草原伲顿节，旨在庆祝刚察县"大白毛"再获丰收。"瓦尔敦"的成功举办，对于拉动整个刚察草原魅力指数，促进畜牧业、生态旅游业的发展和草原文化建设都起到了积极的作用。这一传统节日也被赋予了时代的意义而得以传承下来。

3．朗则祥隆节②

"朗则"是藏语，指十二生肖中的牛月，"祥隆"意迎接盛夏，幸福安康、吉祥隆盛。该节实为"消夏、游乐、庆祝"节日，是红原安多藏族的特有节日。节日一般于"牛月、虎月"中举行（农历五六月），节期三天。节日期间，红原县城每一单位均外出于草滩上，搭帐篷，购饮食，藏民则着盛装，骑马赶牛，聚于草滩，由县有关方面组织文体活动。赛马、摔跤、马术比赛、跳安多锅庄等表演，还有物质交流、展览等活动。

4．扎崇节

是阿坝县藏、回、汉民族盛大节日。"扎崇"藏语意为土陶器市场，实为民族贸易盛会。节日一般于每年农历六月十五日至六月十六日两天进行，但一般要延续几天至一星期左右。节日期间除盛大节日交易活动外，还开展诸如赛马、赛牦牛、赛毛驴、

---

① 青海省刚察县志编纂委员会编：《刚察县志》，陕西人民出版社1997年版，第685页。

② 丹珠昂奔：《藏族神灵论》，中国社会科学出版社1990年版，第154页。

赛摩托等活动，此外还有歌舞等活动。

据说，这个节日开始于公元 8 世纪末期，当时阿坝大土官麦桑，规定每年藏历年猴月二十一日至牛月二十二日（即公历 5 月中旬至 6 月中旬一月之时），所辖区内各户出一人到指定地方统一念经，祈求上苍保佑。以后，该习俗延续下来，成为盛大节日。节日期间，毗邻之甘肃、青海及四川内地商贾云集，于沿河大草坝上，搭数百顶帐篷，城居之民亦出外搭帐篷、着华丽衣裳，携土特产品、美酒佳肴，于帐下交易，吃喝玩乐，县商业局亦组织大批百货展销，每日交易额可达十几万元。

5. 贵德六月拉伊会①

贵德县西河滩，地处黄河南岸，东接河阴，西至下排，南面村落密聚，园田如画，地势狭长，绵延成带。滩内垂柳含烟，绿杨叠翠，黑刺成林，杂花满地，泉水潺潺，回荡左右，百鸟集林，鸣声上下。一年一度的六月二十二的拉伊会，就在这著名的风景区内举行。

这个驰名海南藏族自治州的拉伊会，原是从群众祈神活动的母胎上发展起来的。自明清时代起，贵德早就盛行六月二十二的祈神活动。这项活动以城隍庙和毕家寺为中心，包括周屯、王屯、刘屯、河东、河阴、河西等广大地区的群众，他们为风调雨顺、国泰民安，举行大规模的诵经降香活动。20 世纪 40 年代初，贵德来了一位名叫吴世瑾的县长，他利用祈神机会，鼓励群众，开展文娱活动，便在西河滩兴建娱乐场所。经过一番规划，修了一座大型戏台，开凿了一座人工池，修建了八角亭和"飞机亭"（亭形似飞机），开辟了许多娱乐场地。竣工之后，招来群众游览，许多歌手唱家到这里聚会赛歌，以藏族情歌"拉伊"为主，西河滩会逐渐形成拉伊会。

---

① 贵德县志编纂委员会：《贵德县志》，陕西人民出版社 1995 年版，第 492、493 页。

拉伊会举行之日，周围百数十里内外的群众，从四面八方向这里云集。各族妇女，打扮得花枝招展。在20世纪50年代以前，这里的"拉伊"会在午后逐渐聚集起来，傍晚进入高潮。藏族青年男女，邀朋请友，约会相识，结伴聚集，相与赛歌，常常以十三四人的小摊子为竞赛单位，东一摊，西一摊，摊摊相隔十来步，一摊摊地聚合起来，拉开场地，摆开战场。游人多的一年，小摊子多达30个左右，平常年份也不少于十五六个。摊子的多少，以上年和当年庄稼丰收与否为转移。每个小摊子中，男女相偕，虽两性多少要求不等，但得大致相差不多。赛歌开始，一男一女，双方站起，怀中取出酒，谁先唱，就将酒瓶递给先唱者，饮上一大口酒，便悠悠扬扬唱起"拉伊"来。唱毕，向对方献给酒瓶，喝一大口酒，便对唱一支"拉伊"。这一对唱毕，另一对接唱。他们比内容、比抒情、比声嗓、比唱腔、比机敏、比即兴编唱之才。一旦歌家脱颖而出，迅速改变对唱形式，众人便集中力量和唱家比赛，许多新崛起的唱家，战胜一摊，再去战一摊，夺取会场上唱"拉伊"的魁首。而年年夺魁的大都是女性，所谓"女唱家压会场，千万人喜洋洋"。如今，这个拉伊会，已发展成为长达三四天的大型物资交流会，又成为各种综合文艺的一次大会演。各种商贩把西河滩划分为有规则的临时市场，各种物资源源运入，陈设在活动的柜台中。饭馆栉比鳞次，排列成街，面食肉肴，大献烹调技艺，为游客充分提供了就餐之便。州县歌舞团的歌舞节目中，特别是用藏语演唱的有关格萨尔的节目，深受群众欢迎。至于外地赶来的马戏团、曲艺演唱者、各种文艺展览等到处出现。游人密集，形成洪流，大有"车击毂、人摩肩"的辐辏景象。

6. 临潭万人拔河节①

临潭是藏、汉、回等民族聚居区，这一节日也是几乎全民参

---

① 甘南藏族自治州地方史志编纂委员会编：《甘南州志》，民族出版社1999年版，第1533页。

与的盛会。据考证，临潭县万人扯绳活动源于明初的军中"教战"活动，是一种训练士兵体力的游戏，已有629年的历史。除20世纪六七十年代中断10年外，一直传承至今，今年为第619届。传统的扯绳活动，在每年正月十四、十五、十六晚上举行，届时万民出动来到主街道参加拔河。当地人解释说之所以参加是把扯绳作为"以占年岁丰歉"的象征，"把好运扯过来"，反映了各族群众渴望丰衣足食、国泰民安、民族团结、安居乐业的愿望。

7. 青海东部藏区射箭比赛[①]

射箭是藏族节日庆贺中的常见娱乐形式，而在青海的尖扎、化隆、共和等县为射箭专门设立每年农历二三月，有些在四五月举行的射箭节。节日以村为单位，选出组织者或者总指挥，一般由威望较高、有办事能力的成年人担任，藏语称之为"达本"。"达本"的具体职责是：代表本村跟别的村商谈决定比赛的日期；动员大家积极准备、参加比赛；负责安排赛前的准备事项，如祭祀神灵等；在射箭比赛中调解纠纷等。

---

① 才让：《青海藏族的射箭活动及其文化背景》，载王继光主编《中国西部民族文化研究》，民族出版社2003年版，第456—457页。

第四章　安多地区藏传佛教
节日研究

　　藏传佛教可以说是藏族民族文化的核心构成，作为民族文化重要组成部分的藏族传统节日文化也无不渗透着佛教的仪轨和理念，其中有一部分直接源自于佛教的修行戒律，比如秧勒节、娘乃节；或者源于佛教教主、高僧的纪念日，如佛诞节、燃灯节等；还有就是佛教法会等学经制度也成为信教民众礼佛瞻佛的盛大节日。与佛教在雪域传播的坎坷过程一样，这些佛教节日被藏族民众接受，成为僧俗共度的仪式，进而演变为现在藏族传统节日的重要组成部分，也经历了一番历史过程。

第一节　安多地区的藏传佛教

　　佛教正式在藏区传播是在公元 7 世纪，但开始的传播只局限于上层贵族间，民间基础深厚的苯教一度威胁佛教的发展。在莲花生大师进藏弘法后，吸取经验，吸收民众笃信的咒术、巫祇为佛教所用，使民众能够逐渐接受佛教，这也是佛教藏化的重要阶段，为"后宏期"藏传佛教宁玛派的创立奠定了基础。但是，民众的广泛接受除了统治阶层强令实施外还需要很长的适应时间，这一过程随着吐蕃崇佛赞普热巴巾的被弑和新赞普及苯教大臣的大规模灭佛运动而中断，佛教及其节日文化在"前宏期"也就谈不上民众广泛参与民间化的过程了，佛教节日在藏族民众中的普及应该是从"后宏期"逐渐开始的，这也是全民信教后的必然趋势。

安多地区是藏传佛教"后宏期"所谓"下路宏法"的重要基地，逃离拉萨的高僧辗转来到此地，"约儿堆的玛班·释迦牟尼、哲琼多的约格迥、嘉热巴的藏饶塞三人用骡驮上律部经论，逃到上部阿里，又从那里转往噶洛合，由此取道霍尔地区，经多麦南部白日的察措湖，来到黄河峡谷的金刚岩洞、安琼南宗窟、丹斗寺等处修行"，[①] 与早先就进入安多修行的僧人一起开始学经、译经、剃度门徒、讲习佛法，为藏传佛教"后宏期"即所谓"下路宏法"奠定基础，著名的"后宏期"高僧贡巴饶塞、仁钦桑布就是在此基础上成就了佛法宏传的大业。这也是安多藏区民众逐渐改宗藏传佛教的开始。

安多藏区之所以能成为藏传佛教宏法的基地，成为藏族僧人得以避祸修行、保存实力的栖身之所，主要原因，一是安多在前吐蕃时期百姓对佛教并不陌生，已经有了很好的佛教信众基础；二是吐蕃统治时期大量藏族部落迁徙到安多与早先居住在此的藏族先民一起为藏传佛教的传播与发展提供了本民族民众基础。基于这两方面原因，藏传佛教得以在安多兴盛发展，使佛教节日成为信教藏族民众生活的重要内容。

佛教传入中土是在东汉末年，主要的传播途径是陆路丝绸之路。丝绸之路所分的南道、中道都穿越安多大部分地区，沿途地区难免会受佛教的影响。北朝以佛教立国，从甘肃、青海等地广布的佛教洞窟以及沿途修建的佛教寺院都可以见证当时佛教的兴盛，这些佛址最早的如敦煌莫高窟，建于公元 366 年；黄河上游的炳灵寺石窟，最早的题记公元 420 年；肃南马蹄寺、天梯山石窟、麦积山石窟等一批早期佛教寺院为当地佛教传播提供了信仰

---

① 智观巴·贡却乎丹巴饶塞：《安多政教史》，吴均、毛继祖、马世林译，甘肃民族出版社 1989 年版，第 22 页。

场所与发展地。直到藏传佛教后宏期势力深入安多藏区时，当地早期的佛教禅宗派还有很大的宗教实力，史载："喇钦·贡巴饶塞出家后来到安多丹斗地方时，那里仍然有很多持和尚摩诃衍那顿入成佛之见的人"。① 这说明安多民众特别是与汉地交界藏族民众对佛教不陌生，有一定的信仰基础。现在保留下来的甘青地区佛教遗址中，有很多是汉藏结合式的建制，比如肃南马蹄寺前期洞窟是汉地佛教的，而以后沿山体向纵深开凿的大都是藏式风格寺窟。再如佛教圣地莫高窟有藏式密宗洞窟。作为全国五大石窟之一的炳灵寺石窟，下沟都是藏式石窟。这些都可以反映出藏族高僧是在汉地佛教广布的基础上逐渐传播并发展壮大各藏传佛教教派的。元朝萨迦派得到统治者的支持，加上吐蕃时期迁入的藏族部落与原住民融和，安多藏族分布及居住格局初步形成，提供了藏传佛教的发展空间，萨迦法王开始了对安多藏区的改宗和创建藏传佛教寺院进程。萨迦班智达来凉州会晤蒙古统治者时，沿路创建了许多寺院，如卓尼大寺禅定寺、知知寺、著名的凉州文殊寺，还有马蹄寺等。明清时期沿袭元朝治藏策略，加上后期崛起的格鲁派严格的教法，使藏传佛教不仅得到了统治阶层支持，也拥有了广泛的僧俗民众的信仰基础，这一时期可谓藏传佛教在安多藏区的大发展时期。据笔者统计，现存在甘肃境内的藏传佛教寺院有 200 多座，其中有 90% 修建于明清时期，而且95% 以上是格鲁派寺院；② 记载在《安多政教史》中的青海藏传佛教寺院有 186 座、阿坝 24 座。三个地区藏传佛教寺院修建趋势如图 4 - 1③。

---

① 松巴堪钦·益西班觉：《如意宝树史》，蒲文成 、才让译，甘肃人民出版社1994 年版，第 301 页。
② 统计数据得于对丹曲、旺谦所著的《甘肃藏传佛教寺院》中寺院的统计，甘肃民族出版社 2000 年版。
③ 该图数据得于对智观巴·贡却乎丹巴饶塞所著的《安多政教史》，所载寺院统计。

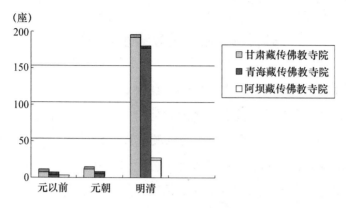

图4-1　三个地区藏传佛教寺院修建趋势

　　明清时期，安多藏传佛教寺院林立，势力空前。可以推想在汉地佛教兴盛时期，佛教的仪规、修行已经在当地信教民众中形成了较为固定的供奉节日——比如四月的斋戒日，七月的盂兰盆会、浴佛节，六月六叩拜无量佛。[①] 藏传佛教格鲁派执掌宗教大权后，以此为基础更将佛教节日普及且深入每个信教民众的心中。格鲁派领袖宗喀巴大师在雪域首创的祈愿法会，是藏传佛教节日民众化最有效的举措，以后的格鲁寺院都沿袭这一传统，现在这一法会是每所格鲁派寺院必行的仪规，而且也成为藏族民众新年重要庆典。至于佛教纪念类、斋戒修行类节日，在佛教成为雪域全民信仰的宗教后，自然成为信教民众日常生活中的重要内容。这里，格鲁派深入藏区村寨寺院及其大小属寺的做法以及藏民每户两子者必有一人入寺为僧的规定，也起到了至关重要的作用。综上所述，明清时期是安多建立藏传佛教寺院，尤其是格鲁派寺院的全盛时期，藏传佛教节日渗透到藏族生活中也就大致与此同步。

---

　　① 湟源县志编纂委员会编：《湟源县志》，陕西人民出版社1993年版，第627页。

第二节　藏传佛教法会类节日

佛教法会起源很早，按照佛本身故事的说法，佛祖在成佛后与外道进行大辩论，降服了魔道，使诸多信众皈依佛教，被称为佛祖"初转法轮"，使法会成为佛教节日。最早有关佛教内部的法会的说法，是佛祖大弟子迦叶于公元前 480 年，在王舍城附近举行了有五百罗汉参与的第一次佛教结集，由于佛祖传教时只是言传身教，没有将亲笔撰写的著作流传下来，这就造成了佛祖涅槃后门徒们各持己见、任意篡改佛祖教规的混乱情况，为了正本清源，在法会上由博闻强识的阿难宣讲佛祖生前有关佛教教义及戒律，然后大家讨论，补充完善后结集成册，形成佛教律藏经典。以后为了整顿佛教戒律松弛状况又在毗舍离城举行了第二次集结，结集后，印度佛教由于对经卷解释的不同开始形成部派分裂。①

佛教在藏区的传播中，最早有关法会的记载是在吐蕃统治时期，是佛教与苯教以及佛教顿悟派与渐悟派的两次公众大辩论。公元 8 世纪末，在吐蕃赞普的王室寺院——桑耶寺曾进行过两次历史性的法净：第一次是吐蕃原国教苯教与新进入的印度佛教对决，结果是苯教败北；② 第二次是汉地禅宗"顿悟"派与印度中观"渐悟"派之争，结果是汉地禅宗"顿悟"派失利。这两次辩论基本具有了法会意义。

现在意义上的佛教法会的创立是在"后宏期"藏传佛教不同教派形成时期确立的。由于藏族高僧对佛经翻译及理解的不同以及受印度不同教派的影响，藏传佛教逐渐形成各种教派。而早期

① 罗博特·萨耶：《印度—西藏的佛教密宗》，耿升译，中国藏学出版社 2000 年版，第 29 页。

② 朱丽霞：《"佛本之争"后的苯教》，《宗教学研究》2007 年第 4 期，第 188 页。

的教派多为住家僧人，其传承学习的方式也以单独地收受门徒，个别宣讲为主，尤其是密宗学派，早年的米拉日巴尊者的修行经历就是很好的证明。《广仁禅院碑》的碑文，记载了唃厮啰时代藏族佛教徒宗教活动的大概轮廓："西羌之俗，自知佛教，每计其部人之多寡，唯择其可奉佛者使为之……虽然其人多知佛而不知戒，故妻子具而淫杀不止，口腹纵而荤酤不厌，非中土之教为之开示堤防而导其本心，则其精诚直质且不知自有也"。① 如此的传教方式造成了藏域佛教戒律松弛，教法芜杂，藏传佛教在藏域的民众基础日见削弱。这样的局面敦促宗教人士大力革除弊症，以振兴佛教的发展。公元 14 世纪佛教高僧宗喀巴大师在前人努力的基础上从根本上开始革除藏区佛教发展的弊症。首先是兴建寺院，让僧人完全脱离世俗生活，禁止结婚，严格执行佛教戒律。这样也就逐渐形成了完善的集体学经制度和考核辩经制度，法会也就有了固定的场所和完善的体制。宗喀巴大师还多次组织法会，联络地方势力，争取支持，扩大影响。1397 年，在聂地饶钟寺创办的法会上，他调解该地四个头人间的纠纷，取得成功，从而使法会变成了各种地方势力相互协调的友好会晤场所，地方头人也就成了宗喀巴的施主，大大提高了他的号召力量。为了将教律永久的传承，自 14 世纪末到 15 世纪初的 10 年中，宗喀巴大师开始著书立说，写出了阐明其宗教思想体系的几部重要著作，其中 1402 年写成的《菩提道次第广论》和 1406 年的《密宗道次第广论》，分别论述他关于显密两宗的理论体系和践行规范；《菩萨戒品释》《事师法五十颂释》《密宗十四根本戒释》则阐述了显密僧众理应遵守的戒律和如何遵守的途径；1408年撰的《中论广释》和《辨了不了义论》辨析了中观和唯识两派的优劣，确立了他以中观派后期思想为哲学基础的根本立场。②

① 《陇右金石录》卷三。

② 赵永红：《文化雪域》，中国藏学出版社 2006 年版，第 267、268 页。

他还各处宣讲这些论著中的思想观点，在讲说中，引经据典，联系古今，针砭时弊，切合社会和僧侣的需要，受到僧俗大众的欢迎，被视作"具有非凡才能的人"。待时机成熟后，大师将改革纵深到全藏区，于永乐七年（1409），在明所封阐化王帕竹政权首领扎巴坚赞的支持下，在拉萨大昭寺举办了规模宏大的祈愿法会，亦称"传大召"或"传召法会"，藏语为"默朗钦波"。这是一次全藏性的活动，不分教派，各地僧俗民众均可参加，人数有一万多，其声势之大、范围之广，都是空前的。这次法会使宗喀巴的宗教改革设想得到了充分的体现，他本人也成了公认的佛教领袖。格鲁派在民众心目中的地位日益高涨。以后，虽然祈愿法会的主办权一度为萨迦派执掌，但这一良好的形式就此得以传承发展下来，成为雪域僧俗共同的盛会，而且为僧人学经创立了固定的制度，并陆续形成春、夏、秋、冬四季的修习法会以及后期各寺院扎仓举行的考核法会，为有志修习的僧人提供了学习的机会和考核、选拔优秀僧人的场合。经过几个世纪的补充完善，现在藏传佛教法会（尤其是著名的全民性法会）成为集僧人学习、考核辩经、选拔、民众观摩、朝拜、礼佛、庆祝于一身的民族传统盛会。

一　僧俗共庆的著名法会

1. 正月传召大法会（smon lam chen mo）

传召大法会藏语称为"默朗钦波"，"默朗"是祈愿、向往的意思，又称为"正月祈愿法会"，是对幸福、和平、健康的渴望。这是僧俗共同的心愿，也是他们新一年年初集体心理的集中反映。这一法会是由藏区寺院普遍举行的僧俗民众共同参与。法会由藏传佛教格鲁派始祖宗喀巴大师于 1409 年创立，第一次默朗传召大法会在拉萨大昭寺举行。安多藏区开始这一法会的传承，据《安多政教史》介绍："公元 1578 年，占据安多地区的蒙古王在青海湖边谒见三世达赖尊者……尊者为汗王授以喜金刚灌顶。并于土兔年（1579）建立神变祈愿法会，从天母施食中流出了甘露，汉、藏、蒙等族的人民虽尽量享用，不见罄竭。"①这是安多藏区与僧俗民众公开举行此仪式的最早记录，虽然安多藏区格鲁派寺院贡本贤巴林于此之前的1560年建立，但起初的规模很小，只修建了灵塔和一处小寺，形成完善的各扎仓并开始举办法会是清朝以后了。格鲁派六大寺院在安多地区有两所，贡本外还有拉卜楞寺，拉卜楞寺始建于1709年，逐渐完善也是到了19世纪。所以三世尊者在安多开启的这次法会之后并未即刻形成定制。到了安多格鲁主寺的完善，大规模改宗其他教派寺院的完成，"默朗钦波"仪规才逐渐在安多格鲁派寺院中成为定制，并逐渐渗透到信教民众的生活中。

安多地区正月祈愿法会以甘南拉卜楞寺举办的最为典型。拉卜楞寺这一法会于1711年由嘉木样大师亲自主持举办，根据宗喀巴大师《诵经汇编》制定的仪轨，又增加了《慈氏洲》《贤愚经》等，按照扎什伦布寺的传统执行。②盛会期间，要举行多种活动，包括诵经、放生、演藏戏、瞻仰佛像、跳法舞、酥油花展、未来佛"视察"，等等。

诵经是节日的内容之一。在15天中，全体僧人每日要在大经堂诵经6次。拂晓时始，日出时止，晨晓集合。诵读的经文是《怖畏金刚经》，以驱邪逐魔、祛除污垢为宗旨。与会者把各自赶制的"周吉哇"（60个食子）糌粑丸子投掷向东、南、西三方，表示祭奠护法十五神和阎罗法王，祈求四大事业（和平、发达、权势、威力）昌盛。吃过早点又参加辩法大会。辩经后是午间集会。然后就是祈愿大会和晚上的第二次辩论会，其内容都是念经讲道、祈求人畜平安、祛灾祈福，要反复诵念有关经文，祝愿佛

①　智观巴·贡却乎丹巴饶塞：《安多政教史》，吴均、毛继祖、马世林译，甘肃民族出版社1989年版，第36页。
②　阿莽般智达：《拉卜楞寺志》，玛钦诺悟更志译，甘肃人民出版社1997年版，第275页。

法常在、佛事兴旺。

放生是默朗节的另一内容，是各种行善活动中的一种。正月初八早晨，在"图丹颇章"（佛殿）院里，嘉木样大师率领外务僧官、内务僧官各持钥匙，打开佛殿大门，展出多年珍藏的寺中古宝、珍玩，供各级僧俗官员观赏，以炫耀本寺财富，使各级官员为弘扬佛教事业尽心尽力。参观罢，僧众在寺院里共诵《招宝经》，跳起自编自演的舞蹈助兴。接着将事先准备好的马、牛、羊牵出，由主持者庄重地将净水洒在它们身上，脖颈上系上象征佛放生的五色幡条，再把它们放出大门，以后任其自由转游于山间草野，自生自灭。

正月十三日，是拉卜楞寺举行瞻佛的日子，节日的气氛达到高潮。香客从遥远的唐古拉山脚下、青海湖畔、阿坝草原、白龙江边以及内蒙古大漠来到拉卜楞寺，瞻仰巨幅佛像。中午时分，瞻佛仪式正式开始。在作为挂轴的檐墙脊上，卷筒佛像徐徐展开，一队僧人在檐墙顶端紧攥幅边，另一队僧人在下面接展，左右两边又是两队僧人，四方齐心合力，小心翼翼地将一幅宽10丈、长36丈的佛像展现在人们面前。这一刻，僧俗一片静穆，默念经文，祈求幸福吉祥。瞻仰的佛像每年都不同，释迦牟尼、弥勒、宗喀巴三幅佛像交替展示。

正月十四日的法舞，也是拉卜楞寺默朗传召活动的主要内容之一。法舞在大经堂前殿的石板广场上举行。嘉木样大师坐在前殿楼廊的主席位上，左右是四大"金席"（仅次于嘉木样的活佛），还有其他宾客。僧俗观众以他们为中心坐成半圆形圈子。法舞开始，装扮成阎罗法王的演员，头戴装饰有骷髅项链的面具从院里走出场，围场跳跃一周，接着出场的是法王的妃子以及化装成骨头架子的查事鬼、有茸的鹿、长角的牦牛等护法神。随着乐队的伴奏，他们一阵欣喜若狂，一阵焦躁不安，一阵又得意扬扬，经过一场较量，以阎罗法王为首的佛门大军终于获得胜利，妖魔鬼怪被彻底打败并被投进油锅炸死。接着法王又派大法台率领佛兵佛将以及僧众，将捏成三角形的"朵玛"送到寺郊荒滩，用大火焚烧，意味着邪气、魔怪从此被全部驱除干净，教民得到吉祥平安，寺院不受其侵扰。

酥油彩塑展是默朗节日最精彩的一幕，也是藏族佛教造型艺术珍品的一次大展览。正月十五晚上在大经堂四周摆放各种形态的酥油彩塑造型，这些精致的酥油彩塑艺术品是拉卜楞寺六大寺院、河南蒙旗王府、嘉木样佛邸及因明、般若、中观、俱舍、戒律五大分部三学班分工精心制作的。酥油彩塑展览初创的时间说法不一。据说当年唐太宗把文成公主远嫁吐蕃开国君主松赞干布，文成公主把自己信奉膜拜的释迦牟尼佛祖 12 岁等身像带往西藏，供在大昭寺内。藏传佛教格鲁派的创始人宗喀巴，为了表示自己对释迦牟尼的无比敬仰，便在佛祖像前献了一朵酥油花以及大量的酥油灯。以后该教派寺院僧众纷纷仿效，从此形成了正月十五日酥油花供灯舞会。

正月十六日"请"未来佛视察全寺，僧俗祈望新的一年能给拉卜楞地区带来福运、吉祥。僧人们抬出弥勒佛（未来佛）高高的塑像，从大经堂出发，在大寺乐队的伴奏下，在拿着梵香、珍宝、供品的僧人前簇后拥下，浩浩荡荡绕寺院转一圈。由于弥勒佛主管未来，所以，前来朝佛者人山人海，大批信徒争相绕寺诵经，抢着触像领灌，以求得一份福分。拉卜楞寺默朗传召大法会的各项主要活动都是开放的，欢迎香客教民自由观看、膜拜。各大经堂也敞开大门，允许信徒进去焚香叩头、献供金供品、绕佛像或经堂转圈诵经。[①]

2. 拉卜楞寺二月默朗小传召法会

农历二月初四至初八是拉卜楞寺的默朗小传召法会，属聚众供养的法事活动。二月初五，是寺院创始人第一世嘉木样大师圆寂之

---

① 罗发西、苗滋庶、曲又新、李耕编：《拉卜楞概况》，中国人民政治协商会议甘南藏族自治州委员会文史资料研究委员会主编《甘南文史资料选辑》第 1 辑，1982 年，第 70—72 页。

日，所以该寺僧人也称此日为"良辰会"。这一天，除了正常的佛事活动，午会时全寺僧人均到大经堂接受施主的斋供布施。晚上，僧人们聚集一堂，为一世嘉木样诵经超度。入夜，各经堂、佛殿顶上，僧俗民众都要沿着平顶房檐点燃酥油灯，以示纪念。

初七是送魔日，此举为提防寺主遭遇灾难，用钱买替身赎罪消灾的仪式。这一天，寺院用重金雇的人反穿皮袄，脸上涂黑白两色，头上插羽毛，右手执白马尾，左手执黑马尾，装扮成魔鬼样出场，先到集市上逢人要钱，后到寺院沿户要钱，再由寺院给赠物。午时，"魔鬼"从寺中出来在广场跳跃狂叫，僧众在后念经驱赶，直到夏河边。跟着"魔鬼"的是寺主的替身（假象），抬在轿里。复有两位戴面具的护法神持刀追来，与"魔鬼"谈判，直到双方满意。之后焚烧三棱朵玛及替身，群呼"打鬼"，"魔鬼"逃窜到河对岸的丛林中，被僧俗的怒吼声、石块追打得不见踪影为止，仪式也就算胜利完毕。

法会的最后一天，即二月初八，是最热闹、最隆重的一天。一早，数百僧人便列队从大经堂里拥出，慢慢走到寺院的转经路上。他们衣帽整齐，高高擎着幢幡、宝盖以及各种仪仗。后面的僧人每人捧着一件珍宝，有犀牛角、象牙、珊瑚、玛瑙、法器等，还有清康熙皇帝御赐锡杖、养老牌和百两重的金元宝等，以展示寺院的富有和神秘。①

对于这个节日，俄国考察家柯兹洛夫在 1909 年考察拉卜楞时亲历过并且写在了他的游记中。柯兹洛夫记录：在他离开拉卜楞的前一天，1909 年的 2 月 14 日，寺院正举行一世嘉木样协巴圆寂日纪念（现在的这一纪念日在初五举办，这个时间差异应该是历法不同造成的），当时天还没亮，还在睡觉的考察团被寺院外的喊叫声惊醒："快起来，看！寺院正在驱赶一个模样像人的魔鬼"，后来得知是尼末草巧节到了。这个被称作"魔鬼"或蒙古语称为

---

① 罗发西、苗滋庶、曲又新、李耕编：《拉卜楞概况》，第 72—73 页。

"措里克"（藏语称为"嘎尔聪"）的人，"其右半边脸被涂成白色，左半边为黑色"，"（他）右手不停地挥动一个大的毛制流苏，并向周围的人请求施舍"。"措里克翻穿这两种颜色的皮袄。与他一起的那个人肩上扛着一条口袋，里面装满了从四面八方源源不断撒来的钱。他们刚走到寺院边上。现场就有人向空中开了几枪，庞大的人群顿时发出一片低沉得近似疯狂的哀号，从河谷的一边传向另一边。这时寺院上空的尘埃中闪耀着鲜红火焰，照亮在巨大的'措里克'草人周围。过了几分钟，草黄色的魔鬼被烧掉。浓妆艳抹得稀奇古怪的喇嘛继续向前走，他攀上山路，消失在临近的一溜慢坡后"。

2月14日早晨，祭日活动还在继续。"寺院方向传来响亮的祈祷鼓、铃鼓和贝壳声。早上8点钟，拉卜楞街道上已经川流不息地行走着整齐的僧侣队伍。烫金的藏文经书、宝石及其他宗教圣物被摆在前面的锦缎上，它们是寺院的骄傲。转完一圈后那支队伍又回到附近飘展着一面面橘黄色大方旗的寺庙，在举行完祈祷后，人群四散而去。"①

这是当时小传召法会以及驱魔日和亮宝日的记述，从中可以看到，拉卜楞地区语言受蒙古的影响较深，这是可以理解的，寺院原本就是在蒙古贵族资助下修建，与蒙古有很深的渊源关系。这个节日是为了纪念嘉木样协巴的圆寂，另外，柯兹洛夫认为"这个仪式是1907年首次从拉萨引入拉卜楞寺并安排在建寺200周年纪念日期间进行的"。② 柯兹洛夫这样认为大概是基于他询问了当地知情者，应该是可信的。此节日的原型是拉萨的莫朗道嘉，程序基本相同，只是结合了尊者的忌日显得更具有本寺特色。

3. 七月劝法会（bdung pi rigs gla）

拉卜楞寺夏天有一个僧人辩经晋级的大法会（柔扎），远近

---

① 彼·库·柯兹洛夫：《蒙古、安多和死城哈喇浩特》，王希隆、丁淑琴译，兰州大学出版社2001年版，第322页。

② 同上书，第323页。

的教民都蜂拥而来，除了听辩经弘法，还要欣赏劝法法舞。七月劝法会是格鲁派始祖宗喀巴的弟子加洋却杰首创的，目的是纪念护法神和法王。柔扎的时间从六月二十九日开始，七月十五日结束，共 17 天。

讲法辩经是柔扎的序曲，集中在六月二十七日、二十八日两天进行。由大法台讲述闻思学院大业，并与各学院的法台（每年只允许一个学院的法台参加）进行辩论。辩论时，该学院格西跟随法台一同参加。头天大法台讲述罢，便由学院法台提问，大法台对答；第二天调换位置，由大法台提问，学院法台对答。

正式的辩经讲法从七月初一开始，每天从早到午进行。参加辩经的是 6—12 年级的学业优秀者、各班级中有地位的活佛，还有本年度"然江巴"学位的获得者。每位参辩者知道了自己辩经的日期后，就在前一天前往各个经堂、佛殿，在各大佛像前献花，祈求佛祖保佑，祝愿自己取得好成绩，祝福辩经讲法顺利、成功。

七月初八，"米拉劝法"表演剧把法会推向高潮。午刻时分，嘉木样大师和四大"赛池"、八大"堪布"以及各"囊谦"活佛全部登上大经堂前殿二楼的前廊。前殿楼下前廊左侧为在职僧官的座席，右侧为一般高僧的座位。来自各地的僧俗观众则聚集在石板广场前，围成半圆圈，内层是本寺僧人，外层是俗民观众。场中央，面对前殿置两把座椅，场之右侧有执锣、鼓者各一人，执钹者二人，吹长筒号者一人。在乐队简单的过门中，米拉劝法会开始了。首先进入场地的是"阿杂然"。"阿杂然"为印度语，意为游方僧。阿杂然年轻潇洒、干练精明，他身着印度瑜伽咒师式的服饰，头戴螺纹帽，鬼面，有彩色胡须，右臂系红色彩带，手执黑白相间的六尺花棒，进场挥舞一阵，算是探路扫场。随即另一位与他打扮相同的阿杂然引领两头白身绿鬃狮子出场。他手执绣球和彩带，逗着两狮子翩翩起舞，向贤士圣哲献花敬意。阿杂然和狮子舞罢，鼓钹齐鸣，两名"德合召端"（土地主宰神）出场。土地神头戴黄色遮帽，白颈、白胡须，手持旗帜，腰缠绳圈，绳圈上吊着二十来条黑白扭缠的短绳。他俩急速旋转出场，腰上的绳条如花伞撑开。旋转数圈后，即绕场撒青稞，象征着未进食前先敬神以表白诚心。随后，身背经匣的两僧人出场为米拉日巴（藏传佛教噶举派开创者）诵经祝福。祝福完，又有两名阿杂然出场，在场心掷果子和鲜花，意为善果，以普度众生。两名土地神在阿杂然退场后，引着米拉日巴出场。米拉日巴身背经卷，手持锡杖，绕场一周，然后坐在已备好的椅子上。这时，两名童子出场舞蹈，表演各种作践幼虫的动作。米拉日巴施法传教，两童子被调伏归正。接着，反穿皮衣、颈挂念珠、腰别宝剑的猎夫贡保多吉出场（两人，一人象征真身，另一人表示灵魂）。贡保多吉追杀小鹿，追到了米拉日巴跟前。经过两人激烈的辩论和米拉日巴苦心教化，猎夫贡保多吉终于醒悟，知道自己罪恶深重，只有皈依佛门才能解脱。他跪伏在米拉日巴膝前，从此结束了猎人的生涯。法会表演到此结束。七月劝法法舞中最吸引教民的情节，就是猎人贡保多吉与米拉日巴之间的精彩辩论。贡保多吉的撒手锏是用搜集到手的拉卜楞寺中僧侣违背戒律、贪财撒谎、打架斗殴、嫉妒猜疑等种种恶行来反驳米拉日巴的论点，而米拉日巴则从佛教根本宗旨，整体与个别、全局与局部等方面辩证分析，使贡保多吉无话可说，只能折服。场上，贡保多吉有随意揭露寺中丑恶现象的权力，这无疑是一种鞭挞、一种警示，具有强烈的震慑力，使一些违规的僧人在众人面前曝光，受到羞辱教训，寺风因此整肃。而对于教民们来说，贡保多吉的话就是揭秘，就是一次新闻发布会，能听到寺中不少内幕，吸引力自然巨大，更能提高寺院在民众心中的地位。①

　　4. 青海塔儿寺的四大观经

　　塔儿寺是安多著名的格鲁派寺院，学制完备，属寺遍布甘

---

　　① 格桑本、尕藏才旦：《雪域气息节日文化》，甘肃民族出版社 2000 年版，第 168、169 页。

青，是信众心目中的佛教圣地。寺内举行的大型法会每年有四个，届时信众云集在寺院观摩、礼拜，这就是民众们所谓的四大观经。塔尔寺的观经是在清康熙五十七年（1718）塔尔寺第20任法台在7世达赖喇嘛的授意下建立"谦巴扎仓"开始的[①]。笔者在天祝调查时，老一辈人还念念不忘过去朝拜塔儿寺观经的壮观场面。

这四大观经除了正月祈愿法会外，还有四月畏怖金刚法舞会、六月释迦牟尼三转法轮及马头冥王法舞会和九月的释迦牟尼降凡法会。法会以辩经、跳法舞、瞻佛为主，对一切僧俗信众开放。

安多其他格鲁派寺院都承袭着这些法会，只是规模没有这两座主寺宏大，仅在周边区域有影响，其中比较著名的是甘肃的卓尼禅定寺和侯家寺，这两所寺院历史悠久，禅定寺可以追溯到元朝，而侯家寺则上述到宋朝时期。[②] 两所寺院的法会曾经给游历中国的英国探险家约瑟夫·洛克留下深刻的印象，在他的游记和照片中我们还可以感受到当时法会的壮观。[③] 不久后这两所寺院先后毁于清朝、民国时期的战火中，失去往昔的辉煌。

二　僧人专有法会

制度完备的藏传佛教寺院不仅拥有宏伟的大殿、精美的造像，为信众朝拜礼佛提供场所，还是一所修习佛教的高等学府，设置各种分支学科，建立修习的扎仓。拉卜楞寺之所以后来居上成为藏区著名的学府，很大程度上源于寺院建立的六大扎仓（文思学院、续部上院、续部下院、时轮学院、喜金刚、

---

① 乔高才让主编：《天祝史话》，甘肃文化出版社2004年版，第183页。

② 旺谦、丹曲：《甘肃藏传佛教寺院录》，甘肃民族出版社2000年版，第83、146页。

③ 宗喀·漾正冈布：《卓尼生态文化》，甘肃民族出版社2007年版，第54—55页。

医学院）及严格的考核制度；另一安多著名寺院贡本贤巴林则以四大扎仓（参尼、居巴、丁科、曼巴扎仓）修习闻名；安多其他部分寺院都有一定规模的学院建制，规模次于以上寺院，有些小寺仅是朝拜礼佛佛堂，没有扎仓建制。近期一些在战火和"文化大革命"中被毁坏的寺院也陆续在恢复中，如河西著名寺院石门寺、华藏寺等，这些寺院要恢复往日的扎仓建制还需要很长一段时间。学制完备的寺院各扎仓每年都会举行各自的法会仪式，以考核僧人。这些法会有些对民众开放，僧俗共庆，如上面提到的著名法会；有些法会涉及寺院机密，是不对外公开或不对非佛教信徒公开的，尤其是密宗学院的法会。拉卜楞寺是格鲁派六大宗主寺之一，历史悠久，学制完备，所举行的法会可以代表安多格鲁派寺院此类法会的完整形制，以下将拉卜楞寺此类法会一一介绍。

1. 时轮金刚法会

拉卜楞寺时轮金刚法会固定时日为三月十五日，因为此日是释迦牟尼成佛后讲授时轮金刚本源之日，由时轮学院具体主办此项法会。时轮学院经堂于三月初六做彩色土坛"金廓"，梵文名"曼荼罗"，即时轮金刚的宝城。坛的做法是在平面上将彩土由尖嘴筒中慢慢倒出，堆成图案，为宝城的立体轮廓。在经堂顶端，有宝城立体模型，得 7 天才可做成。十五日举行院中舞蹈。舞者扮成头戴五瓣莲花的少女，共 16 名。俗民可以前来围观、膜拜。据说一切跳舞者死后均会住在时轮金刚宝城内，因此参加者踊跃。这些舞蹈是时轮金刚喜欢的供法之一。[1]

2. 九月禳灾会

九月二十二日在金刚学院内举行。主要是为了禳灾求福，形

---

① 李安宅：《拉卜楞公开大会》，载《李安宅、于式玉藏学文论选》，中国藏学出版社 2002 年版，第 48 页。

式以诵经、辩经、法舞为主。①

3. 居迈巴扎仓（续部下院）法会

三月十八日至二十四日为大自在自人法会；六月初四至初六日为开光仪轨；九月十八日至二十四日为密集自人法会；九月二十八日是为期5天的怖畏九首金刚人法会。②

4. 丁科尔扎仓（时轮院）法会

三月初六为奠基法舞；三月十四日至二十一日为时轮自人法会。③

5. 曼巴扎仓（医学院）法会

三月十七日至二十四日为药师佛自入坛城和烧坛法会；八月初九至十五日及二十九日为马明王金刚自入坛城和烧坛法会；九月十八日至二十四日为阿立佛自入坛城和烧坛法会。④

6. 吉多尔扎仓（喜金刚院）法会

三月举行虚空瑜伽佛自入法会；夏至日之大施食，由该院法台亲自主持，送四手吉祥主护法大施食，用以镇魔伏怪；八月举行金刚手自入法会；九月举行喜金刚自入法会；九月二十九日禳灾法会，在图旦颇章院内跳法舞。⑤

7. 居巴扎仓（续部上院）法会

三月十七日至二十四日的密集自入法会；五月二十七日至二十九日的满足护法心愿法会；六月初三至五日的开光仪轨；八月十七日至二十四日的大自在自人法会；九月十七日至二十四日的怖畏九首金刚自入法会；十月十七日至十九日的六臂护法的大施

① 李安宅：《拉卜楞公开大会》，载《李安宅、于式玉藏学文论选》，中国藏学出版社2002年版，第53页。

② 格桑本、尕藏才旦：《雪域气息节日文化》，甘肃民族出版社2000年版，第184页。

③ 同上。

④ 同上。

⑤ 同上。

食法会；十月十三日至十九日的大铁城施食镇魔法会。①

第三节　佛教纪念类节日

印度佛教的纪念节日主要围绕着佛祖和印度圣者及其事迹产生的，藏传佛教则吸收了这些纪念节日外又创立了纪念本族高僧的宗教节日，随着藏传佛教在藏区的广泛传播，这些节日也日益成为僧俗民众共度的传统节日。

1. 桑吉曼拉（sangs rgyas sman bla）节

藏族在汉族端午节这天也过节，但是不叫端午节，而称为桑杰曼拉节，意为"药师佛节"。藏医学巨著《四部医典》认为，藏医学是在西方极乐净土药王城里由全身散发着蓝色琉璃光的药师佛直接传授的，因此药师佛在藏族文化中占有十分重要的位置。② 这个节日在安多藏区不很普及，只有卓仓藏人和天祝华锐地区过此节日，在其他藏区有类似形式，节日的名字不同，如同仁县称这一天为"俄哇曼拉"③；而在甘南上迭部称为"俄吾吾加"，下跌为"曲纱节"④；还有些地方把这一天与沐浴节合为一体，称为"朝水节"。⑤

节日这天，卓仓地区的藏族不像内地的汉族群众吃粽子，在门楣上遍插艾草，划龙舟纪念屈原，而是吃地皮菜包子，比赛射箭，来纪念伟大的、给人间带来健康和安宁的药师佛。卓仓地区也有在门楣上插花草的习惯，但不是艾草，而是生长在卓仓山野

---

① 格桑本、尕藏才旦：《雪域气息节日文化》，甘肃民族出版社 2000 年版，第 184 页。

② 丹珠昂奔：《藏族神灵论》，中国社会科学出版社 1990 年版，第 154 页。

③ 同仁县志编纂委员会编：《同仁县志》，三秦出版社 2001 年版，第 982 页。

④ 迭部县志编纂委员会编：《迭部县志》，兰州大学出版社 1998 年版，第 807、808 页。

⑤ 甘南藏族自治州地方史志编纂委员会编：《甘南州志》，民族出版社 1999 年版，第 1772 页。

的吉玛梅朵。据说桑杰曼拉这一天喝山泉水可以治世间百病，用这一天的泉水沐浴可以强身健体，延年益寿。所以卓仓藏族有在这一天喝山泉水、沐浴的习惯。孩子们到河滩，树林和山崖下去摘蓝色的、柔嫩的、形状像鸢尾的吉玛梅朵，采来插在各家的门楣上。母亲们则会为孩子们戴上内置有各种浓郁芳香的药草香包来祈求药师佛保佑他们健康成长。

天祝藏人这一天要神泉、圣水边煨桑 、献羊、念祝祷词，还要摘鲜花抛撒到河里。①

2. 娘乃节（bsnyung gnas）

这个节日在卫藏地区称其为萨嘎达瓦（rus sbal can rdza wa），据藏历推算，这个月是氐宿星（萨嘎星）出现的月份，所以又称萨嘎达瓦，也叫"四月会"。娘乃节是安多地区特有的称法。"娘乃"在藏语中是闭斋之意，据说四月十五这一天是佛祖释迦牟尼诞生、得道、圆寂的日子，所以佛教界又称之为"三重节"。这一天全世界的佛教徒都要隆重纪念。在这一个月里，信徒们要忌杀生、忌食肉，进行闭斋来纪念佛祖当年的苦修行为，另外，佛经认为在这一天持戒修行能够使功德加倍。在拉卜楞地区，人们把枯燥难熬的娘乃日变成了欢乐多彩的节日，僧俗众生以激昂的热情，以歌声笑声，以绚丽斑斓的娱乐活动，在娘乃节这一日子里表达内心的感激，表现他们今日的幸福和欢乐。②

3. 燃灯节（dgav ldan brngam mehog）

这个节日又称五供节，藏语称"噶等阿曲"，是纪念格鲁派创始人宗喀巴十月二十五日圆寂的节日。僧俗教民通过点燃不息的酥油灯来表达自己的怀念之情，并以此颂扬佛法如光明火炬，永远驱散黑暗、愚昧之功德。在西藏，燃灯节创立较早，叫"浪麦"，意思是全世界都有佛法的火焰在照耀，届时僧俗或在寺中

---

① 乔高才让：《走进天祝》，天祝县民族印刷厂2000年版，第173页。
② 丹珠昂奔：《藏族文化发展史》，甘肃教育出版社2004年版，第1328页。

或在自家佛龛前点燃酥油供灯予以纪念。这个节日是全民性的，几乎所有僧俗都会参与，尽其力量贡献。①

由于宗喀巴的两名大弟子嘉央却杰和仙钦却杰分别于十月二十四日、二十六日圆寂，而第二世嘉木样又是在十月二十七日圆寂的，所以，拉卜楞寺的燃灯节虽同样从十月二十五日开始，但延续3天，表示对三位圣者的纪念。十月二十五日一早，寺内各经堂、佛殿全都敞开大门，允许教民们自由进出，膜拜瞻仰，各佛像前也换置了新的供物。晚上，全寺数百座经堂、佛殿、佛邸等高大建筑物的平顶四周，全是一排排酥油供灯，辉煌灿烂，颇为壮观。②

4. 十世班禅大师圆寂日

十二月二十二日，为十世班禅大师逝世纪念日，届时举办超度诵经等仪式。

5. 转法轮节

箕宿月六月四日是纪念释迦牟尼第一次说法的节日，藏语称丹伊德钦（bden bniv dus chen），民间称"朝山节"。③

6. 迥降节

娄宿月（九月）二十二日相传释迦牟尼在罗刹天为其母摩耶说法后重返人间，佛教称降凡节或降神节，④ 同仁称为降风节。⑤

第四节　佛教戒律修行节日

这类节日与佛教教义中的戒律及密宗养生修行有关。

---

① 丹珠昂奔：《藏族文化发展史》，甘肃教育出版社2004年版，第1330页。
② 罗发西、苗滋庶、曲又新、李耕编：《拉卜楞概况》，中国人民政治协商会议甘南藏族自治州委员会文史资料研究委员会主编《甘南文史资料选辑》第1辑，1982年，第75页。
③ 丹珠昂奔：《藏族文化发展史》，甘肃教育出版社2004年版，第1329页。
④ 同上书，第1329页。
⑤ 同仁县志编纂委员会编：《同仁县志》，三秦出版社2001年版，第956页。

1. 亚乃（央勒尔）

央勒尔是藏语，是对应印度佛教戒律中的夏令安居仪式形成的节日，西藏称之为雪顿节（sho stong）。"安居"，梵语（voysika），意译为雨期，又称"夏令安居""雨安居""坐夏""坐腊"。据说这是由于地处亚热带的印度，气候炎热多雨，夏天的雨季长达三个月，虫蚁繁殖迅速，草木生长繁茂，出家人为避免出外托钵行化时踩伤虫蚁与草木之新芽，招引世人讥嫌，于是规定在雨季里避免外出，聚居一处，安心修道。这一制度最早行于古印度婆罗门教，后为佛教所吸纳，在印度佛教中历史悠久。在《长阿含经》卷二、《佛本行集经》卷二十九等中，记载了释尊与弟子安居修行之事迹，《僧伽罗刹所集经》卷下等则列举了释尊于四十五年间安居之地名。关于"安居"之场所，《四分律》卷三十七"安居犍度"举出树下、小屋、山窟、树空、船上、聚落等处，或依牧牛者、斫材人等"安居"。《五分律》卷十九安居法则禁止于无救护处、冢间、空树、皮覆屋、露地处安居。关于"安居"之时期，一般多以一夏九旬（即三个月）为期。《四分律删繁补阙行事钞》卷上之四，以四月十六日为"安居"之始日，七月十五日为"安居"之终日，翌日为自恣日；《摩诃僧只律》卷二十七则以七月十五日为自恣日。自恣日即安居九十日的最后一晚，大家仍齐聚一堂，检讨各人在三个月期间，言行有无违反戒律，也可互相指出对方的错失。若有犯戒者，则要当众忏悔，这一天就称为"僧自恣日"或"佛欢喜日"。

汉地最早记述汉僧"结夏"的是法显大师的《佛国记》。书中记载，法显大师是公元 399 年 3 月中旬从后秦国都长安出发，西行一月，来到西秦乞伏乾归所属的苑川（今天的榆中一带），开始"坐夏"[①]。这里离天竺国还很远，可见"坐夏"这一佛教

---

① 马曼丽、樊保良编著：《古代开拓家西行足迹》，陕西人民出版社 1987 年版，第 38 页。

戒律在这之前已经在汉地佛教界形成定制。这一制度在青藏高原的形成与格鲁派的发展有很大的关系，佛教传入藏区的前宏期，传教大师莲花生主要修行密宗，藏传佛教古老教派也重密轻显，致使后来佛教寺规荒废，僧人生活举止无度，格鲁派在创始人宗喀巴的带领下进行了坚决彻底的改革，首先他提倡并宣传僧人必须严守戒律，并身体力行。在西藏佛教史上，喇钦·贡巴饶萨和喀且班钦·释迦室利两人是戴黄色僧帽的，都以重视戒律闻名于世。从1388年开始，宗喀巴也改戴黄帽，以示其严守戒律。1395年，他在精古寺以比丘衣具一套供弥勒菩萨像，意示菩萨也当遵守比丘戒，不论大小、显密一切僧众，在持律上没有例外。他利用各种讲经机会，详解戒律细则，要求自己的门徒率先守戒，以身作则。自14世纪末到15世纪初的10年中，宗喀巴全面展开了他对西藏佛教的改革活动。宗喀巴依靠帕竹及其属下贵族仁钦贝父子，在拉萨东60里的旺古尔山旁建造了甘丹寺，全称"甘丹南结林"，成格鲁派的主寺。寺院的僧人都要严格遵守戒律，包括"坐夏"。这以后宗喀巴的弟子陆续修建的哲邦寺、扎什伦布寺都沿袭了这一体制，使之固定下来，在僧俗之中的影响也随之逐渐扩大。17世纪下半叶和18世纪初，清朝皇帝册封了五世达赖旺阿罗桑嘉措和五世班禅罗桑益西，赐给其金册、金印，格鲁派在青藏高原的统治地位得以确立并加强，哲邦寺僧人"坐夏"结束后的活动吸引了更多的教民，形式也更加的丰富了。加之五世达赖下令坐夏后的僧自恣日，以及演出的藏戏对世俗教民开放，为了表示虔诚，信众拿出酿制的酸奶作为供奉，所以这个节日在西藏又被称为"雪顿节"。后来雪顿节的活动内容逐渐演变为以藏戏会演为主，所以也有人叫它"藏戏节"。

这个节日在三大藏区的许多地方都有，只是叫法和形式略有不同，而且过这种节日的地区都会有格鲁派寺院的参与主持，有些寺院还是在五世达赖喇嘛的主持下修建的，或者与格鲁派三大寺有着很深的渊源关系。在后藏日喀则称这个节日为"色木钦波"，时间要晚于拉萨，规模要小于拉萨。在巴塘被称为"亚勒节"，据说公元 1653 年，五世达赖派人到巴塘修建了格鲁派寺院——康宁寺。当时，康宁寺十五世纳卡活佛根呷洛绒从西藏迎请了一位藏戏艺人到巴塘传授藏戏，因此就形成了有宗教和丰富的民族文化活动内容的"亚索""亚勒"节。活动固定在龙王塘，但是根据当地气候条件以及农事活动安排，时间要晚到八月举行。在安多地区，青海的塔尔寺由于是宗喀巴大师的诞生地，这一定制在 16 世纪塔尔寺建立之时就确立下来，塔尔寺的"夏令安居"被称为"亚乃"，于每年农历六月十五日（或十六日）至七月二十九日（或三十日），届时还有专人负责监督僧人的守戒。解禁日僧俗集会也慢慢形成了现在僧俗共同的游园活动。①

2. 沐浴节（skar ma ri byi）

藏语叫"嘎玛日吉"（skar ma ri byi）。甘南上迭称为"俄吾吾佳"，下迭地区称为"曲纱"（神水）节。每年七月六日至十二日举行，历时 7 天，又名"沐浴周"。②

这个节日是源于佛教僧人修行的药水节，已经有七八百年的历史。据说，八月中气之日起，七天之内澄水星（ri ki）神殿与释迦牟尼顶髻相值，牟尼发心，仙人谛语，以是因缘，顶髻涌泉，能使一切水流皆成甘露，此时入水沐浴，能祛百病，清除罪孽。③这其中包含了佛教掌握的有关养生修行天时的知识，运用到藏区势必要结合当地的实际情况，比如时间改为七月，为了民众普遍能接受又赋予了雪域风格的传奇故事。藏族信众传说："很久以前，草原上出了一个很有名的医生，他的名字叫宇托·

---

① 杨贵明：《宗喀巴诞生地——塔尔寺文化》，青海人民出版社 1997 年版，第 161、163 页。

② 迭部县志编纂委员会编：《迭部县志》，兰州大学出版社 1998 年版，第 807 页。

③ 丹珠昂奔：《藏族神灵论》，中国社会科学出版社 1990 年版，第 156 页。

云旦贡布。他的医术十分高明，什么疑难杂症都能治。因此藏王赤松德赞请他去做御医，专管给藏王和妃子们治病。但是，宇托·云旦贡布进宫以后，心中仍旧忘不了草原上的百姓。他经常借外出采药的功夫，给百姓治病。有一年，可怕的瘟疫流行，许多牧民卧床不起，有的被夺去了生命。这时，宇托·云旦贡布奔跑在辽阔的草原上，为一家家患病的牧民治病。他从雪山和老林里采来各种药物，谁吃了病就会好起来。不知有多少濒临死亡的病人，恢复了健康。草原上到处传颂着宇托·云旦贡布医生的名字，人们称他为药王。不幸的是宇托·云旦贡布医生去世了。他去世以后，草原上又遭到了可怕的瘟疫，比前一次更严重，许多人死了。生命垂危的牧民只好跪在地上，向苍天祈祷，希望天国保佑。说来也巧，一天，一个被病魔折磨得九死一生的妇女，突然做了一个梦，梦中宇托·云旦贡布医生对她说："明天晚上，当东南天空出现一颗明亮的星星的时候，你可以下到吉曲河里去洗澡，洗澡以后病就会好起来。"果然，这个妇女在吉曲河中洗澡以后，疾病立刻消除了。一个又黄又瘦的病人，在洗澡以后变成了一个红光满面的健康人。这件新鲜事传开以后，所有的病人都来到河中洗澡。凡是洗澡的病人，都消除了疾病，恢复了健康。人们说，这颗奇特的星星就是宇托·云旦贡布医生变的。宇托·云旦贡布医生在天国看到草原人民又遭受瘟疫袭击，他又不能来到人间来给人民治病，于是把自己化作一颗星星，借星光把河水变成药水，让人们在河水中洗澡以祛除疾病。因为天帝只给宇托·云旦贡布 7 天时间，这颗星星也就只出现 7 天。从此，藏族人民就把这 7 天定为沐浴节，各地的牧民们，每年这个时间，都到附近的河水里洗澡。据说洗澡以后，人就健康愉快，不生疾病。这是印度佛教节日藏族民俗化的体现。

类似的修行吉日、忌日还有佛教的毒水日，是太阳入双子宫后第十七日，霍尔月五月中气之日再加十三分之九，为"彘日"（phag zhag）此时有墓豕雌雄一双，攀缘南方瞻波梨叱（dsam bu bri ksha）树，上三天，下三天，树顶停留一天，此 7 日中，雨水受毒，谷物失营，忌汤药等饮用。这在佛教僧人中表现为斋月，一般信徒也有遵守，但没有形成普遍的节日，而前面所提到的拉卜楞娘乃节有相似的 3 天戒日，是否与此有关还有待进一步的研究考证。

总　　论

安多藏族在长久的历史形成过程中融合了多民族、多元文化因子,自吐蕃统治奠定了藏文化的主体地位后,在"后宏期"藏传佛教核心文化作用的整合下,安多藏文化主体地位最终确立,并在安多多民族多元文化共存格局中继续发展。安多藏族传统节日文化,作为藏文化的重要组成部分,在一定程度上既体现了藏族整体文化的特征与发展态势,同时也具有特殊、鲜明的地方文化特色。

一　安多藏族传统节日中藏文化的主体性与多元融合性

安多藏族节日以与青藏高原地域相连,生态文化相近为前提条件,以羌人及同根同源的吐蕃为发展传承的民族载体,最终在"后宏期"藏传佛教核心作用整合下,形成了节日文化中藏族文化的主体地位,如古老的神山圣水祭祀节日,无论是节日仪规,还是节日借以代代相传的神话传说,都体现着这一一脉相承的文化基础;同时,安多藏族又融合了吐谷浑、汉、回纥、龟兹、于阗①以及蒙古文化等诸多元素,在长久的历史进程中,这些多元文化因子通过代代相承的血缘纽带作用融入藏文化深层内核,经过主体文化价值体系的解构、重组,融合进藏族本民族文化体系

① 汤开建:《五代宋金时期甘青藏族部落的分布》,《中国藏学》1989 年第 4 期,第 50—68 页。

中，呈现水乳交融的文化态势，成为族群认同一体的理所当然的文化因子。主体文化特征使安多藏族节日与其他藏区有着千丝万缕的联系，是构成其区别于其他民族的本民族共同特质；而多元文化组成又成为判定同一民族不同区域文化的地方性符号。如同样是祭祀山神及其他神灵的隆务河六月会，其主体仪式与其他藏区一脉相承，是藏族传统节日形式，但又融入了诸多历史发展时段的其他民族影响，使之很不同于卫藏、康等藏区的祭祀，形成独特的地域特色。

二　安多藏族传统节日民俗性、宗教性紧密结合的特征

这里的宗教包括古老的泛灵崇拜观念、苯教信仰以及包容二者而形成的藏传佛教。这些宗教渗透到人们的生活中，形成以宗教成分为其特色的藏族节日。安多藏族节日的宗教性体现在三个层次：第一，是由历史传说、神话故事或原始信仰泛灵崇拜遗留下来的带有宗教色彩的古老祭祀仪式，转变为地方民俗节日或其一部分，如年都乎村每年的跳於菟驱邪仪式与山神祭祀结合在一起形成当地特有节日，再如对火的原始崇拜诞生了阿坝州德朵节以及由酬神祭祀演变来的甘南朵巴节，还有博峪采花节、隆务六月会等。第二，部分历史悠久的民俗性节日后期增添了诸多宗教色彩，节日仪式也多由僧人主持参与。如源于农业生产的甘南曲考节，由开始的在田间地头煨桑歌舞祈福演变为背负经文口念嘛呢绕转祈祷，还有藏族新年、赛马会等。第三，是寺院组织的宗教仪式和在固定的时间里举行的法会以及一些佛教教义、修行仪轨逐渐形成了僧俗共庆的节日。如藏传佛教寺院都举行的正月祈愿大法会、燃灯节、酥油花节、晒佛节等；青海塔尔寺每年的四大法会、甘肃拉卜楞寺的七月米拉日巴劝法会、沐浴节、娘乃节等。可以说安多藏族绝大部分节日都与宗教有关，或掺杂有宗教内容，或节日本身就是由宗教发源，宗教性（主要以藏传佛教为主）也就成为安多藏族节日主要特征。

三　安多藏族传统节日地方发展的差异性与多层次、多样化特征

作为三大藏区的安多藏区整体节日文化，具有独特的地域文化特色。在安多各藏族部落、村寨又形成了各自独特的节日文化单元，它们因各自的地理生态、历史进程、民族格局的不同而又有所区别，这使安多藏族传统节日的地区性差异呈现多层次、多样化特征。

其一，安多藏区农区、牧区、城区间节日文化传统的差异。从整体来看，牧区无论是节日服饰、饮食还是祭祀仪式都较好地保留了节日的传统，一些古老的仪式在牧区还有实用价值与生存空间，比如萨满驱邪傩仪、苯教血祭等；而在农区受到周边文化的影响较多，节日庆典中蕴含着多元文化传统仪式，如汉、回、蒙等传统仪式，节日的文化意义与实用功能并重；城区藏族则多以象征性形式选择某些体现民族特质，弘扬民族文化的传统节日，内容上也多带有现代时尚气息，如以五彩电灯代替酥油灯，还有团拜取代传统拜年形式。

其二，差异还体现在参与节日的主体人群上，一般老年人比较中年和青年人群对传统节日文化的了解更多，参与和传承的热情也更高；文化知识结构较高的人更能认识到本民族节日文化的重要性，对传统节日的自豪感与保护宣传也更积极主动。

其三，各藏族文化单元周边民族格局的不同使当地节日文化体现出多样化趋势，如河湟藏汉杂居区，当地藏族节日包含很多汉文化因素；藏回杂居地有些适应穆斯林习俗的节日形式，如不用猪肉祭祀；还有藏蒙杂居地、藏土结合部等；河湟花儿会是这一多民族杂居文化交融的典型代表，作为藏、汉、回、蒙、土等民族共同的盛会，从节日形式、花儿歌词到祭祀仪式都体现着多元文化交融的特色。

附录一　全藏区节日总表

民俗节日	宗教节日
1 藏历新年（藏历正月初一，全藏性节日，藏语称洛塞尔或嘉吾洛塞尔）	1 正月毛兰节（农历正月初三至十六日，全藏性节日）
2 采花节（农历五月初五，甘肃南部博峪部落的传统节日）	2 娘乃节（农历四月十五，甘南节日）
3 春播节（藏历正月初五，又名开犁节，是西藏农区节日）	3 燃灯节（藏历十月二十五日，全藏节日）
4 香浪节（每年农历六月，安多地区节日）	4 年终祈祷法会（农历腊月二十三至二十九，塔尔寺举行）
5 祭水节（农历五月五，甘南洲曲巴藏乡举行）	5 护法时轮成就法会（农历三月在塔尔寺举行，为期一个月）
6 曼拉节（农历正月初八至十五，甘南卓尼县）	6 护法神降神法会（农历六月法会，正月法会时在塔尔寺举行）
7 插箭节（各地时间不固定，全藏节日）	7 夏令安居（藏历六月十五至七月二十九，黄教寺院举行）
8 射箭节（农历四月，盛行于云南迪庆藏族）	8 觉阿却巴（藏历正月十五，全藏节日）
9 林卡节（没有固定的日期，大致限定在藏历五月一日到十五日，是全藏性节日，藏语称赞林吉桑）	9 萨嘎达瓦节（藏历四月十五，全藏节日）
10 那曲酬神节（藏历新年前三天，那曲地区）	10 雪顿节（藏历六月三十，西藏节日）
11 朗扎热甲节（五月初四，四川阿坝地区节日）	11 沐浴节（藏历七月三十至八月初六，全藏性节日）
12 封山仪式（没有固定时间，河谷一般在四月，高山在六七月举行，四川嘉绒地区节日）	12 七月劝法会（农历六月二十九日至七月十五日，安多地区节日）
13 科加男人节（藏历二月十一到十五日，是阿里地区科加村特有）	13 热振帕邦唐郭节（藏历七月十五日，林周县糖果乡节日）
14 奉祭土地神节—加布林丹（藏历二月初十，西藏阿里地区）	14 萨迦金刚节（藏历七月，萨加寺院举行）
15 却果节（藏历五月初五，西藏农区节日）	15 萨迦冬季法会（藏历十一月二十三日至二十九日，萨加地区节日）

续表

民俗节日	宗教节日
16 赛马会（没有固定日期，一般在藏历六七八月举行，全藏性节日）	16 色拉普结节（藏历十二月二十七日，色拉寺举行）
17 萨央节（没有固定日期，一般在春天举行，是西藏山南阿噶村特有）	17 布达拉宫跳神节（藏历十二月二十九日，西藏地区）
18 娱驴节（藏历新年结束的第一天，西藏粮仓山南地区流行）	18 送魔节（藏历二月初七，全藏性节日）
19 迎鸟节（藏历三月十五，西藏地区节日）	19 亮宝节（藏历二月初八，全藏性节日）
20 罗让扎花节（藏历十月二十五日，西藏农区节日）	20 桑吉曼拉节（藏历五月初五，全藏性节日）
21 跳墨都（藏历正月初三，流行于甘南地区）	21 智达得钦节（藏历五月初十，莲花生降生日，协扎、洛扎地区举行）
22 调牛节（农历二月二日，甘肃南部博峪藏族节日）	22 仙女节（藏历十月十五，藏语为萨拉丹珍，全藏节日）
23 祭山节（农历三月初六，四川庙顶藏族节日）	23 俄喜节（藏历十二月初七，四川凉山彝族自治州木里藏族自治县藏族节日）
24 唤山节（藏历冬月十三到十五日，四川石棉藏族节日）	24 哑巴会（藏历四月十三日或六月初四举行，四川嘉绒藏族节日）
25 工布迎神节（藏历马年八月十日，西藏工布地区节日）	25 斯古仁钦波节（藏历九月，四川松冈、党坝地区祭祀法会）
26 祭海节（每年四月十五，凡有圣湖的地方举行）	26 圆根灯会（藏历十一月二十四日，四川金川地区节日）
27 祭神山节（没有固定日期，一般集中在七月、八月、九月，全藏性节日）	27 降神节（藏历九月二十二日，全藏节日）
28 六月血祭节（农历六月十七到六月二十五日，安多地区节日）	28 央勒节（藏历九月初，西康重镇巴唐地区举行，意为获得吉祥圆满）
29 勒尔达节（藏历二月二十九日全藏性节日）	29 小传召法会（农历二月，拉卜楞节日）
30 达玛节（藏历六月十日举行，流行于江孜地区）	
31 金马节（藏历五月初四，甘孜地区色达牧区）	
32 放生节（藏历正月初八，全藏性节日）	
33 古朵节（藏历十二月二十九日，全藏性节日）	
34 祭龙节（藏历四月十五日，西藏地区节日）	
35 游海节（农历六月四日，甘孜州九龙县举行）	
36 额尔冬节（藏历十月十三日和十一月十三日，四川嘉绒地区节日）	
37 墨尔多庙会（农历七月初十，四川嘉绒地区丹巴县）	

附录二　近十五年藏历新年与
农历春节异同表

藏历	公历	农历	农历比藏历
铁鸡年一月一日　闰七月	1981 年 2 月 5 日	辛酉年正月初一	相符合
水狗年一月一日	1982 年 2 月 24 日	壬戌年二月初一闰四月	迟一个月
水猪年一月一日　闰十月	1983 年 2 月 13 日	癸亥年正月初一	相符合
木鼠年一月一日	1984 年 2 月 3 日	甲子年二月初一闰十月	迟一个月
木牛年一月一日	1985 年 2 月 20 日	乙丑年正月初一	相符合
火虎年一月一日　闰七月	1986 年 2 月 9 日	丙寅年正月初一	相符合
火兔年一月一日	1987 年 2 月 28 日	丁卯年二月初一闰六月	迟一个月
土龙年一月一日	1988 年 2 月 18 日	戊辰年正月初二	迟一天
土蛇年一月一日　闰三月	1989 年 2 月 7 日	己巳年正月初二	迟一天
铁马年一月一日	1990 年 2 月 27 日	庚午二月初二闰五月	迟一个月零一天
铁羊年一月一日	1991 年 2 月 15 日	辛未年正月初一	相符合
水猴年一月一日	1992 年 3 月 5 日	壬申年二月初二	迟一个月零一天
水鸡年一月一日	1993 年 2 月 22 日	癸酉年二月初二闰三月	迟一个月零一天
木狗年一月一日	1994 年 2 月 11 日	甲戌正月初二	迟一天
木猪年一月一日	1995 年 3 月 2 日	乙亥年二月初二闰八月	迟一个月零一天

附录三 敦煌藏文本 S.6878V《出行擇日吉凶等占法抄三種》整理研究[①]

陳于柱　張福慧

一　文本概述

自 1913 年法國藏學家巴考（J. Bacot）首次解讀敦煌藏文本 P. T. 1045《鳥鳴占書》以來[②]，敦煌藏文占卜文獻的整理研究至今業已走過近百年歷程。百年中，中外學者在敦煌藏文占卜文獻的刊佈、釋讀和研究方面開展了大量卓有成效的工作，尤其近年《敦煌吐蕃文獻選輯·文化卷》的出版[③]，标志着学术界对敦煌藏文占卜文献的关注从以往即兴式的探究，向归类整理专项研究的学术转变，开始有了从总体上把握此類文獻的尝试。不過客觀來講，敦煌藏文占卜文獻的整理研究工作目前仍不完備，尤其是英藏敦煌文獻中的藏文占卜書尚未得到詳盡輯考。本文對 S. 6878V《出行擇日吉凶等占法抄三種》的釋録研究，即緣自對英

---

② J. Bacot, La table de presage signifies par l'éclair, texte tibétain et traduit, *Journal asiatique*, Ⅱ^e série, tone Ⅰ, （1913）, pp. 345–349.

③ 鄭炳林、黃維忠主編：《敦煌吐蕃文獻選輯·文化卷》，民族出版社 2011 年版，第 3—164 頁。

藏敦煌藏文占卜文獻的整理。

　　早在 20 世紀 80 年代，陳慶英先生既已對 S. 6878V 進行過整體介紹，準確地將其甄別爲占卜書，并釋讀了部份文字①。陳文雖是題解式的，對後繼研究卻起到指引門徑的重要作用。遺憾的是，陳慶英先生的這一重要貢獻在過去三十多年中始終未能引起學界足夠重視。而 S. 6878V 所存多種占法，均有別於敦煌藏文占卜文獻中目前已知的羊肩胛骨卜、骰卜、烏鳴占、金錢卜、夢占、十二因緣占、十二時人命相屬法、五姓占等。因此 S. 6878V 的整理與研究在當下就顯得尤爲迫切。

　　S. 6878 首缺尾全，卷軸裝，由多紙黏連而成，其中前四紙的天頭、地角均有殘損。文書正面爲漢文《大般若波羅蜜多經》卷第五百冊，背面藏文書寫始於第五紙，應是在文書殘破以後利用其背面完整之處抄寫的。S. 6878V 藏文文字約三十七行，中間有圖十二幅，前後筆跡一致，完整保存了三種性質不同的占法——出行占、婚嫁占及失物占，其中出行占、失物占均有明確標題。茲依次論述如後，不當之處，敬祈方家指正。

二　出行占——S. 6878V 內容考釋之一

　　S. 6878V 有關出行占的書寫起第一行、迄第十六行，包括前兩幅圖。首題 "Lma – du – vjug – cing – mci – bvi/chos – grangs – bzang – ngan – blta – bav（出行擇日吉凶法）"，其下以圖、文的形式，相繼記錄了兩項有關出行擇日的占法。

　　（1）圖一（見本书第 150 頁后附圖，下同），分內外兩層，內圈逆時針依次書寫天門、天賊、天財、天陽、天宮、天陰、天富、天盜，外圈爲對應於內圈的八組數字，分別是：

---

① 陳慶英：《〈斯坦因劫經錄〉、〈伯希和劫經錄〉所收漢文寫卷中夾存的藏文寫卷調查》，《敦煌學輯刊》第 2 集，1981 年，第 114—116 頁。

天門：一、九、十、十七、二十五。

天賊：二、十、十八、二十六。

天財：三、十一、十九、二十七。

天陽：四、十二、二十八。

天宮：五、十三、二十、二十一。

天陰：六、十四、二十二、三十。

天富：七、十五、二十三。

天盜：八、十六、二十四。

圖后卜文依照上述各天逐次敘述出行吉凶，如"天門之日，出行，吉祥圓滿""天賊之日，出行遇損耗，不吉"，其中天門、天財、天陽、天宮、天富爲吉，天賊、天陰、天盜爲凶。借此可知，圖一中的數字，是指一月三十日。同類占法在敦煌漢文寫本中保存有兩件，S. 612《宋太平興國三年戊寅歲（978）應天具注曆日》所載《周公八天出行圖》較爲完整，卜文如下：

天門：一日、九日、十七日、廿五日，所求大吉。天賊：二日、十日、十八〔日〕、廿六〔日〕，傷害，凶。天財：三日、十一〔日〕、十九〔日〕、廿七日，百事吉。天陽：四日、十二〔日〕、廿〔日〕、廿八日，出行平。天宮：五日、十三〔日〕、廿一〔日〕、廿九〔日〕，開通，吉。天陰：六日、十四〔日〕、廿二〔日〕、卅日，主水災，凶。天富：七日、十五〔日〕、廿三日，求財，吉。天盜：八日、十六〔日〕、廿四日，主劫害，凶。①

---

① 鄧文寬：《敦煌天文曆法文獻輯校》江蘇古籍出版社 1996 年版，第 518—519 頁。

另一件 S. 5614，在《占十二時卜法》之後抄：

占周公八天出行擇日吉凶法：每月一日、九日、十七
（下缺）

行日大吉，得財。三日、十一日、十九日、廿七日，是
天財日，出（下缺）

吉。十三日、五日、廿一日、廿九日，是〔天〕宮日，
小吉，恐□（下缺）

廿三日，是天富日，出行、覓財、求官，四路□（下
缺）

天陽日，出行平安大吉，得官祿。十八日、二日、十
（下缺）

尚折或逢賊劫剝。十四日、六日、廿二日，是天□（下
缺）

官事起，十六日、八日、廿四日，是〔天〕盜日，出行
（下缺）

（后缺）①

此件包括了《西秦五州占》的部分内容，敦煌遺書中的《西
秦五州占》標明題記者有二：一是尾題“大蕃國庚辰年（800）
五月廿三日沙州□”的 S. 2729V，另一是“咸通十二年（871）
八月廿五日于晉昌郡寫記”的 P. 2632②。S. 5614 似應抄於晚唐
五代的歸義軍時期。

S. 612 與 S. 5614 彼此標題、卜辭雖略異，但無論是占卜方法

----

① 圖版參中國社會科學院歷史研究所、中國敦煌吐魯番學會敦煌古文獻編輯委
員會、英國國家圖書館、倫敦大學亞非學院合編《英藏敦煌文獻（漢文佛經以外部
份）》第 8 卷，四川人民出版社 1992 年版，第 150 頁。
② 趙貞：《敦煌遺書中的唐代星占著作：〈西秦五州占〉》，《文獻》2004 年第 1
期，第 55—67 頁。

還是吉凶指向，兩者均一致，因此《周公八天出行圖》與《占周公八天出行擇日吉凶法》應屬性質相同的占法。此類占法是以"八天"爲核心，將一月三十日以八爲差分別分配到"八天"之下，再利用"八天"的吉凶指向以明出行選擇。S.6878V 的行文邏輯與 S.612、S.5614 完全相同。其彼此差別主要表現在：S.6878V 沒有明確標明或託名"周公"，此外 S.612、S.5614 均有文無圖，尤其是 S.612 雖題作"周公八天出行圖"，但亦未見圖，不過 S.612《周公八天出行圖》卜文右側留有相當空白，應是爲繪圖而備，表明《周公八天出行圖》本來是有圖的，S.6878V 圖一不排除即是根據《周公八天出行圖》原圖繪製的可能。

據此類占法之規律，可推 S.6878V 圖一"天門"下"十"，當爲衍文；"天宮"下"二十"，應置於"天陽"下"十二"之後。以上大概是書手筆誤所致。陳慶英先生將"天賊""天財""天陽""天陰"分別釋作"天節""天友""天相""天影"，均不確。

（2）圖二，分內外三層，中心圈內空白，第二層內依次書寫朱雀、虎頭、虎腋、虎足、青龍、龍頭、龍腋、龍足，第三層爲對應於第二層的八組時間數字，具體是：

朱雀：一、九、十七、二十五。

虎頭：二、十、十八、二十六。

虎腋：三、十一、十九、二十七。

虎足：四、十二、二十、二十八。

青龍：五、十三、二十一、二十九。

龍頭：六、十四、二十二、三十。

龍腋：七、十五、二十三。

龍足：八、十六、二十四。

圖後占辭則按照上述順序記述各日出行之福禍吉凶，如
"朱雀之日，出行得財、逢友，大吉""虎頭之日，爲勝葉出行
吉，爲私事出行凶"。筆者案：圖二所載時日名稱，在敦煌漢
文本《發病書》中被稱作"四方神頭脅日"。咸通三年（862）
五月抄寫的 P. 2856《發病書》記錄有《推四方神頭脅日得病
法》：

> 朱雀日，一日、八日、十六日、廿三日，病者司命為
> 害，犯北君、外神、祖父母所作，謝之吉。白虎頭日，二
> 日、九日、十七日、廿四日，病者不死，丈人所作，為解之
> 日降，七日大愈。白虎脅日，三日、十日、十八日、廿五
> 日，病者不死，丈人將他外鬼為祟，解，五日差。白虎足
> 日，四日、十一日、十九日、廿六日、卅日，病者，兄弟鬼
> 所作，急解之吉。青龍頭日，五日、十二日、廿日、廿七
> 日，病者不死，無後鬼所〔作〕，急解之，八日差。青龍脅
> 日，六日、十三日、廿一日、廿八日，病者不死，丈人時
> （將）地獄死鬼來，來欲得食，解之吉，八日差。青龍足日，
> 七日、十四日、廿二日、廿七（九）日，病者連流腫而腳寒
> 熱，祟在客死鬼，解之吉。①

雖然據此基本可以確定 S. 6878V 圖二的時日名稱就是"四
方神頭脅日"，但從文義來看，P. 2856《發病書》在"白虎足
日"與"青龍頭日"之間當脫一句占辭，因此 S. 6878V 圖二中
"青龍日"是否符合此占法的原意就值得推敲了，因為所謂"四
神"還應包括玄武。此外，《推四方神頭脅日得病法》的時日規
定與 S. 6878V 亦不一致，前者或以七爲差或以八爲差，而後者

---

① 圖版參見上海古籍出版社、法國國家圖書館編《法國國家圖書館藏敦煌西域
文獻》第 19 卷，上海古籍出版社 2001 年版，第 140 頁。

基本固定是以八爲差。有證據表明，S.6878V 圖二 “青龍日” 的確應是 “玄武日” 之筆誤。黄正建先生曾揭出利用 “四方神頭脇日” 進行占婚嫁的兩件敦煌漢文文書 S.2729 與 P.3288，其中抄寫於吐蕃管轄敦煌時期的 S.2729 完整記録了 “四方神頭脇日” 的時間構成，在 “白虎足” “青龍頭” 之間即是 “玄武”，其時日順序亦是以八爲週期。日本國會圖書館藏《新雕陰陽廣濟百忌曆》有關 “四方神頭脇日” 的書寫與 S.2729 也幾乎一致①。至此可以確定，完整的 “四方神頭脇日” 或 “四神日” 包括了朱雀日、白虎頭日、白虎脇日、白虎足日、玄武日、青龍頭日、青龍脇日、青龍足日八組。因此 S.6878V 圖二中的 “青龍” 實際應爲 “玄武”，同樣 P.2856《發病書·推四方神頭脇日得病法》所脱之占辭也是有關 “玄武日” 的。

從敦煌漢文占卜文書來看，“四方神頭脇日” 在唐宋時期曾被廣泛應用在婚嫁、生子、發病等多類擇吉術之中，黄正建先生提出該法是中古時期比較流行的一種占卜方法，是可信的，但認爲後世不再流行，則有失詳考。《續道藏》所收《法師選擇記》之《下元將軍所管吉凶之圖》，又名《四季之圖》，規定了三月、六月、九月、十二月中四神日吉凶，同樣由圖、文兩部份組成，圖形結構及内容與 S.6878V 圖二基本相同，只不過四神日的排列順序和 S.6878V 圖二相反。圖后卜辭如下：

　　　　朱雀日出行，多主失財，求財不得，見官無理，此日大凶。白虎頭日出行者，只宜遠行，求財稱意，去處通達，此日大吉。白虎脇日出行者，求財遂心，東西任意，南北安然，此日用之吉。白虎足日出行者，求財不利，不宜遠行，作事不成，此日不宜用。玄武日出行者，主有口舌，凡事不

　　① 黄正建：《敦煌占婚嫁文書與唐五代的占婚嫁》，項楚、鄭阿財主編《新世紀敦煌學論集》，巴蜀書社 2003 年版，第 282—284 頁。

通，不可用之，凶。青龍頭日出行者，求財得利，凡出行之
日，雞鳴卯時大吉。青龍脇日出行者，求財遂心，凡事稱
意，此日用之大吉。青龍足日出行者，求財不利，見官失
理，此日不宜用之。①

　　S. 6878V 圖二與《下元將軍所管吉凶之圖》相比較，其占
辭差異較大，尤其是對出行的吉凶規定，彼此並不完全契合。儘
管《法師選擇記》聲稱是唐太宗時三藏法師據《藏經》錄出，
但從書中《中元將軍所管吉凶之圖》將前述 "八天" 之 "天宮"
寫作 "天倉" 來看，《法師選擇記》的成書時間不會太早，因爲
"天倉" 作爲 "八天" 之一最早出現於南宋陳元靚《事林廣記》
中，此後又見載明刻本《居家必用事類全集》②。不過敦煌藏文
本 S. 6878V 圖二的發現，足以表明利用 "四方神頭脇日" 進行
出行擇吉的占法在唐宋之際已相當普及，而根據 "四方神頭脇
日" 曾出現在《產經》之中的情形來判斷③，該占法至遲在南北
朝時期既已流行。

　　圖一、圖二雖分別以 "八天" "四方神頭脇日" 爲敘述中
心，但兩項占法的占卜規則與目的是一致的，這或許正是 S.
6878V 的編纂者以 "出行擇日吉凶法" 爲標題統攝兩圖的原
因。S. 6878V 之外的敦煌西域藏文占卜文獻中，涉及出行擇
吉的占法不少，但均未見利用 "八天" 或 "四方神頭脇日"
者，可以肯定 S. 6878V 之《出行擇日吉凶法》應是根據相應
的漢文本編譯而成，尤其是圖一，很可能即改編自《周公八天
出行圖》。

---

① 《道藏》第 36 冊，文物出版社、上海書店、天津古籍出版社 1988 年版，第
322 頁。
② 參見余欣《神道人心——唐宋之際敦煌民生宗教社會史研究》，中華書局
2006 年版，第 261 頁。
③ 丹波康賴著：《醫心方》，趙明山等註釋，遼寧科學技術出版社 1996 年版，
第 960 頁。

三　婚嫁占——S.6878V 内容考釋之二

婚嫁占在 S.6878V 中篇幅較長，起第十七行、迄第三十一行，包括圖三至圖十一。所存内容均以占卜男女婚配吉凶爲中心，以圖系文，涉及八項占法或者說吉凶宜忌。

（1）圖三，爲長方形表，並均分七列，第七列空白，前六列上下對稱書寫部分十二生肖。圖後占文："男女婚配法，不可亂序，則吉。"生肖具體對應如下：

鼠　豬　狗　雞　猴　羊
鼠　豬　兔　龍　蛇　馬

圖中生肖排布規則性不強，比較令人費解。筆者推測該圖的原圖很可能是如前兩列那樣，即十二生肖各自對應相同生肖。敦煌本 S.P.6《乾符四年（877）具注曆日》存有託名"呂才"的婚嫁占書，黃正建《敦煌占婚嫁文書與唐五代的占婚嫁》一文將其定名爲《呂才嫁娶圖》[①]。《呂才嫁娶圖》之"同屬婚姻"條記載："同屬相取，福祿自隨，相生即吉，相剋不宜。"[②] 所謂"同屬相取"，意即生肖相同男女可互爲婚配。《纂圖增新群書類要事林廣記》己集"合婚九吉"之一有"同屬"："如子見子，丑見丑，它仿此。"[③] S.6878V 圖三前兩列及卜辭文義均符合"同屬婚姻"，但爲何其後出現變化仍不得而知，因此圖三是否就是"同屬"占法，尚有待進一步落實。

（2）圖四，分内外兩層，圓圈中用長線均分六組，每組又用短線均分兩組空當，十二生肖順次填寫於每個空當中。圈中標明"lo – vdi – bzhin – nang – mthun – thad – kar – sbyor"（生肖依此對

---

① 原卷標題殘損，前兩字"呂才"完整，第三字僅存左邊"女"旁，尚不知黃正建先生定名根據。但該定名不妨文義，故本文從之。

② 鄧文寬：《敦煌本〈唐乾符四年丁酉歲（877）具注曆日〉"雜占"補録》，段文傑、[日]茂木雅博主編《敦煌學與中國史研究論集》，甘肅人民出版社 2001 年版，第 135 頁。

③ 陳元靚：《事林廣記》，中華書局 1999 年版，第 159 頁。

直相配），圖後占文一句，強調按照該婚配法則吉。所謂"對直相配"，筆者的理解是指生肖在圖中左、右平行的婚配關係，即：鼠——牛、豬——虎、狗——兔、雞——龍、猴——蛇、羊——馬。周知，十二生肖與十二地支有固定的對應關係，如果將圖四婚配圖轉換成地支來表示的話，該圖即是 S. P. 6《乾符四年（977）具注曆日·呂才嫁娶圖》中的"支合"。《呂才嫁娶圖》之"支合"圖有兩幅，第一幅卜文雖言"支合"，但實是"支德"（詳見後文）；第二幅同樣分內外兩層圓圈，圈內書"吉"字，外圈十二地支雖不是按照自然順序排列，但用曲綫勾連的地支關係與 S. 6878V 圖四完全相同。圖下占辭曰："支合，夫妻命合天親，二男五女，多足金銀。"所謂"支合"，隋蕭吉《五行大義》第八"論合"載："支合者，日月行次之所合者。"① 具體爲：寅與亥合，卯與戌合，辰與酉合，巳與申合，午與未合，子與丑合。敦煌藏文本 S. 6878V 圖四與"呂才嫁娶圖"均貼合《五行大義》關於"支合"的規定。《纂圖增新群書類要事林廣記》己集"合婚九吉"對此婚配法則稱作"六合"。

（3）圖五，圓形圖，圖中四條直線縱橫交錯，呈"井"字形，牛、虎、蛇、龍、羊、猴、犬、豬八個生肖逐次書寫在"井"字形的八個邊角線上。該圖中央文字與圖七中央的文字，從字面來看文義相近，似均可釋讀爲"四富"。圖後卜文："男女依照此婚配，有子五男二女。"筆者案：根據卜文文義，圖五八個生肖的婚配關係應是趨吉的。S. P. 6《乾符四年（877）具注曆日·呂才嫁娶圖》中由八個生肖構成、同時又標明吉利的圖形有三個，即"四檢""八通""八開"，據筆者考察，S. 6878V 圖六、圖七可分別比定爲"八開"與"四檢"（詳見後文），那麼圖五理應是"八通"。《呂才嫁娶圖》與《纂圖增新群書類要事林廣記》"八通"的地支關係是丑——申、寅——

---

① 劉國忠：《〈五行大義〉研究》，遼寧教育出版社 1999 年版，第 193 頁。

未、巳——戌、辰——亥，轉換成生肖之後，雖與圖五相符，但圖五的圖形標示卻體現不出"八通"之關係，相反更貼近"呂才嫁娶圖"與《纂圖增新群書類要事林廣記》己集"合婚九凶"之"隔角"①。所以，筆者推測圖五存在兩種可能：一種是抄者原本試圖抄繪"八通"圖，然生肖排布有誤，從而成了"隔角"；另一種是抄者本意即是抄繪"隔角"，而誤將"八通"卜文置於圖下。不過從《呂才嫁娶圖》與《纂圖增新群書類要事林廣記》對"隔角"均無具體卜文來看，筆者更傾向於第一種可能。

（3）圖六，其圖形結構與圖五完全契合，只不過在"井"字形八個邊角線上書寫的生肖依次是虎、牛、豬、狗、猴、羊、蛇、龍。圖后卜文："男女依照此婚配，富裕安康。"根據圖中央文字"四等邊相配吉"的提示，圖六意指四條縱橫直線兩端生肖相互匹配爲吉，即：虎——狗、牛——蛇、豬——羊、猴——龍。這一關係轉化成地支后，即是《呂才嫁娶圖》《纂圖增新群書類要事林廣記》中"八開"的圖文，前者亦有占辭"八開爲婚，五男□□，奴婢不□，金玉滿堂。"因此圖六可以確定是"八開"。

（4）圖七，圓形圖，圈內均勻分佈八個生肖，用曲綫兩兩相勾連，形成四對生肖關係：牛——豬、狗——猴、羊——蛇、龍——虎。圖后卜文："男女依照此婚配，守財。"《呂才嫁娶圖》之"四檢"，圓形圖，中間書"吉"字，圖中地支的勾連關係與 S.6878V 圖七相同，圖下卜文曰："四檢□□，命合□□，夫妻□□，男□□□。"《纂圖增新群書類要事林廣記》己集"合婚九吉"之"四檢"，有關地支關係的表述亦和圖七相符。圖七藉此可以確定爲"四檢"。

---

①《呂才嫁娶圖》與《纂圖增新群書類要事林廣記》有關"隔角"的規定是：丑寅、辰巳、未申、戌亥，S.6878V 圖五的生肖標示與此較匹配。

（5）圖八，十二生肖按照鼠、牛、虎、兔、蛇、龍、羊、馬、猴、雞、狗、豬的順序排布在圓圈內，生肖間用曲綫相連，似作兩兩勾連狀。圖後卜文稱："男女依此婚配，世代富裕穩固。"筆者按：S. P. 6《乾符四年（877）具注曆日·呂才嫁娶圖》有一幅圓形圖，圖下占辭僅存"車吉"兩字，其結構組成如下：

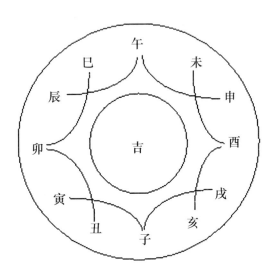

鄧文寬先生曾對此圖做過復原工作，但誤將丑與亥、寅與辰、巳與未、申與戌勾連在一起。因卜文殘損，此圖名稱不得而知。不過《纂圖增新群書類要事林廣記》己集"合婚九吉"之"地帶"與該圖表達的文義一致，其規定是："子戌 寅午 辰申 丑卯 巳酉 未亥"。從《呂才嫁娶圖》來判斷，這一配屬關係實則爲"子戌寅、丑卯巳、辰午申、未酉亥"，即每三個地支爲一組，《纂圖增新群書類要事林廣記》誤分作六組了。因此不排除此圖在《呂才嫁娶圖》中亦稱作"地帶"的可能。S. 6878V 圖八與《呂才嫁娶圖》之"地帶"極爲相近，只不過圖中曲綫的勾連走向未能明確交叉，以致造成看似兩兩相連的情形。另外圖八中"蛇、龍、羊、馬"的順序，其實應爲"龍、蛇、馬、羊"，如

此方能形成十二生肖的自然排序。以上推論如若不誤，S. 6878 V
圖八應該即是《呂才嫁娶圖》和《纂圖增新群書類要事林廣記》
中的"地帶"。

（6）圖九，圓形圖，由三道豎線、兩道橫線交叉分佈其中，
將其空間分成十二個格檔。中間兩個格擋之一書寫蛇、馬，其餘
十個生肖名稱依次抄在周圍格檔中。圖後卜文與圖八相近，亦屬
吉祥之婚配。筆者按：關於此圖的使用情況，圖中無任何文字提
示，極易令人產生望"圖"興歎之感。實則不然。S. P. 6《乾符
四年（877）具注曆日·呂才嫁娶圖》第一幅"支合"圖，雙層
圓圈，中央寫"吉"字，兩圈之間用曲綫勾連六組地支，即：
子——巳、丑——午、卯——申、午——亥、寅——酉、丑——
申。圖下占辭云："支合相取，命會天星，百年並老，夫貴妻
貞。"圖中地支的匹配規則，在古代術數文化中被稱作"支德"。
《五行大義》第七"論德"言："支德者，子德在巳，丑德在午，
寅德在未，卯德在申，辰德在酉，巳德在戌，午德在亥，未德在
子，申德在丑，酉德在寅，戌德在卯，亥德在辰。"[1]《協紀辨方
書》卷三"歲枝德"的圖文與《五行大義》文義相符[2]。可見
"支德"的完整構成應是子巳、丑午、寅未、卯申、辰酉、巳戌、
午亥、未子、申丑、酉寅、戌卯、亥辰，共十二對。《呂才嫁娶
圖》第一幅"支合"圖實則是"支德"之一，S. P. 6《乾符四
年（877）具注曆日》應少繪製一幅或未繪製完整，而題作
"支合"，當系"支德"之筆誤。關於"支德"的匹配原則，
《協紀辨方書》引曹震圭語："枝德者，從太歲向前五合之辰
也。"簡言之，每一地支與向前數第五個地支，兩者即構成
"支德"。敦煌藏文本 S. 6878 V 圖九正是"支德"的另一表述
方式。圖九將蛇（巳）、馬（午）置於圖中央，主要起到一種

---

[1] 劉國忠：《〈五行大義〉研究》，遼寧教育出版社 1999 年版，第 190 頁。
[2] 李零主編：《中國方術概觀·選擇卷》，人民中國出版社 1993 年版，第 145—
146 頁。

標誌起始的作用，即鼠（子）向前五合之辰就是蛇（巳），接下來牛（丑）的支德是馬（午），然後依次類推，從而形成十二對匹配地支的依次循環，這一循環完全符合“支德”原則。可以確定，圖九所表達的正是“支德”之意。《纂圖增新群書類要事林廣記》己集“合婚九吉”對“枝德”的規定亦不完整，且訛誤較多。

（7）圖十，圓圈內五條直線交叉，將整圖分成十部分，并依次書寫木男、木女、火男、火女、土男、土女、金男、金女、水男、水女。據圖後卜文，男女遵照此圖婚配亦爲吉。敦煌漢文本占婚嫁文書中，確有利用男、女五行生克關係以卜婚姻吉凶的記錄，如前文述及S. 2729V中的《夫妻相法》載：“夫木女火，六百萬石；夫木女土，凶；夫木女金，病凶；夫土女火，九千萬石；夫水女土，大凶；夫水女木，生七人，千萬〔石〕，大吉；夫木女木，大凶；夫火女土，生□人，千萬〔石〕，大吉。”S. 4282中的《婚嫁圖》亦載：“土、木夫妻，下克上，陰陽不順□（下缺）”①。不過圖十中的所謂“木男”“木女”等十個名稱，並不是五行之意，而是具有吐蕃民族特色的“十天干”②。如此，圖十展示的其實是一種利用天干進行婚配擇吉的占法。同類占法在S. P. 6《乾符四年（公元八七七年）具注曆日·呂才嫁娶圖》、《纂圖增新群書類要事林廣記》己集“合婚九吉”中，分別被稱作“干合”與“天德合”。前者雙層圓圈，中央書“吉”字，兩圈之間用曲綫勾連五組天干：甲——己、乙——庚、丙——辛、戊——癸、丁——壬。圖下卜文：“干合爲婚，五男二女，夫妻久長，法居印受（綬）。”後者的天干配屬與前者同。S. 6878V圖十如果轉換成漢族天干來看的話，其交叉對稱的關係正是“干合”。《五行大義》第八“論合”言：“干合者，己爲

① 黃正建：《敦煌占婚嫁文書與唐五代的占婚嫁》，項楚、鄭阿財主編《新世紀敦煌學論集》，巴蜀書社2003年版，第283、286頁。
② 這一觀點的具體論證，將在本文第五部份展開，在此不贅。

甲妻，故甲與己合；辛爲丙妻，故丙與辛合；癸爲戊妻，故癸與戊合；乙爲庚妻，故乙與庚合；丁爲壬妻，故丁與壬合。”“干合”婚配法，表達了古代漢族術數文化中干支“各象天地，而自相配合，有夫婦之道”的文化寓意①。

（8）圖十一，呈花瓣狀，鼠至豬十二個生肖均匀分佈在圖形周圍，并形成鼠——馬、牛——羊、虎——猴、兔——雞、龍——狗、蛇——豬的對稱關係。圖上端有吉凶說辭“vdi-man-cad-myi-vbyor-bavo（以下皆不吉）”。圖下卜文一句，指明此圖爲“六衝”。筆者按：圖十一生肖間的“六衝”關係，亦見於敦煌藏文本祿命書 P. T. 127《推十二時人命相屬法》，如“鼠與馬相不合”“虎猴不合”“兔雞不合”“龍年與狗年不合”“蛇豬不合”等②。《五行大義》第十三“論衝破”：“衝破者，以其氣相格對也。衝氣爲輕，破氣爲重。……支衝破者，子午衝破，丑未衝破，寅申衝破，卯酉衝破，辰戌衝破，巳亥衝破。”③ S. P. 6《乾符四年（877）具注曆日·呂才嫁娶圖》《纂圖增新群書類要事林廣記》已集“合婚九凶”均載有“衝破”，其六對地支（生肖）關係及吉凶指向與圖十一完全相符，只不過前兩者均是有文無圖。所以 S. 6878V 圖十一應是“衝破”禁忌的一種圖像化表達。

上述九圖，除圖三、圖五尚需進一步落實是否就是“同屬”及“八通”外，其餘七圖均可與 S. P. 6《乾符四年（877）具注曆日·呂才嫁娶圖》中的“支合”“八開”“四檢”“地帶”“支德”“干合”“衝破”相比定。《呂才嫁娶圖》和《纂圖增新群書類要事林廣記》有關婚配的宜忌包括了“九吉”“九凶”，也就是後者所謂的“合婚九吉”與“合婚九凶”，S. 6878V 圖

---

①　劉國忠：《〈五行大義〉研究》，遼寧教育出版社 1999 年版，第 193 頁。

②　羅秉芬、劉英華：《敦煌本十二生肖命相文書藏漢文比較研究》，《安多研究》第 2 輯，民族出版社 2006 年版，第 4—18 頁。

③　劉國忠：《〈五行大義〉研究》，遼寧教育出版社 1999 年版，第 202 頁。

三至圖十一無有出"九吉"或"九凶"者。S. 6878V 之外的敦煌西域藏文占卜文獻，除 P. T. 127《推十二時人命相屬法》涉及"衝破"禁忌外，其餘均未見載上述婚嫁占法。基本可以確定，敦煌藏文本 S. 6878V 婚嫁占相關圖文當改編自漢文本《呂才嫁娶圖》，只不過未必就是直接取自 S. P. 6《乾符四年（公元八七七年）具注曆日》中的《呂才嫁娶圖》。

四　失物占——S. 6878V 內容考釋之三

S. 6878V 有關失物占的書寫起第二十八行，迄第三十七行，包括圖十二。其結構內容由三部份組成。

一是標題"gser – gyi – ru – sbal – mo – ste/bros – ba – dang – rlag – btsal-bav"（金龜擇吉占走失法）及占卜方法。前者當是此項占法的正式名稱，後者著重介紹了《金龜擇吉占走失法》的運用規則，即：1. 失物日期是與金龜的身體某個部位相對應的，而起算時間是從每月一日起，數至丟失日；2. 失物日期與金龜部位的計算分大月和小月，即大月從頭的右側開始，小月從尾的左側起算。

二是金龜圖。圖中烏龜頭上尾下，四肢平展，部位名稱包括頭、耳、前肢、腋、足、尾，其中耳、前肢、腋、足在左右兩邊對稱書寫，故共有十個部位名稱。

三是吉凶卜辭。主要根據部位對應日期，推求失物所在地點及能否可以失而複得。漢譯文如下：

頭日失者，染色工匠附近尋而可得；

耳日失者，可自歸但無利；

前肢日失者，在高山，深谷，墳地尋而可得；

腋日失者，在金匠，紡織工，村落附近尋而可得；

足日失者，陶器坊，田埂，集市尋而可得。

尾日失者，深溝處尋而可得。

以烏龜身體部位推求失物的占法源遠流長，尹灣漢墓出土術數文獻中保存有《神龜占》《六甲占雨》《博局占》《刑德行時》《行道吉凶》五種，其中《神龜占》書於九號木牘正面上部，由一個神龜像和一段占測吉凶的文字組成，自右至左共九行，劉樂賢先生曾作釋錄：

用神龜之法：以月晝以後左足而右行，至今日之日止，問。

直右脅者，可得，姓朱氏，名長，正西。

直后右足者，易得，爲王氏，名到，西北。

直尾者，自歸，爲莊氏，名餘，正北。

直后左足者，可得，爲朝氏，名歐，東北。

直左脅者，可得，爲鄭氏，名起，正東。

直前左足者，難得，爲李氏，名多，東南。

直頭者，毋來也，不可得，爲張氏，正南。

直前右足者，難得，爲陳氏，名安，正西南。[①]

神龜圖像繪製在此段文字下部，其后左足旁書寫“以此右行”四字。劉樂賢研究認爲，尹灣漢墓《神龜占》的方法是將神龜分作八個部位，以其后左足爲起點，按逆時針方向數日數，從當月初一數到占測的那一天，看位於神龜的什麼部位，然後到占文中查看相應結果。敦煌藏文本 S.6878V 中《金龜擇吉占走失法》的占卜邏輯與尹灣漢墓《神龜占》近似，兩者烏龜圖像的繪製亦是異曲同工。不過前者在占法上分大月、小月兩種起算方法，不同於後者僅以后左足爲起點；同時前者烏龜部位分十個，其中左右耳爲後者所無；另外後者卜文中有關盜人姓名的說辭，則爲前者所不具。

敦煌漢文文書有多件涉及失物占，黃正建、周西波先生對此類文書均做過全面介紹與深入探討。其中有兩件分別題作“推神龜走失法第二”（Дх.01236）、“神龜推走失法”（P.3602V）。

---

① 劉樂賢：《尹灣漢墓出土術數文獻初探》，連雲港市博物館、中國文物研究所編《尹灣漢墓簡牘綜論》，科學出版社 1999 年版，第 175 頁。

Дx. 01236 有關 "推神龜走失法" 的文字殘存七行：

推神龜走失法第二

每月一日數至（下缺）

小月從尾逆（下缺）

耳日失，十字（下缺）

塚墓詢得（下缺）

足日失者，神（下缺）

尾日失者，橋下□井灶，求之，得。①

此件文書雖殘，但其占法體系還是比較清楚，即先推出 "走失日" 在神龜的部位，然後再根據此部位的占辭求失物。藏文本 S. 6878V 中《金龜擇吉占走失法》的占法與《推神龜走失法》完全一致，兩者不僅均有大月、小月兩種起算方法，而且小月都是從龜尾開始算起；更重要的是，《推神龜走失法》明確提及 "耳日失"，這說明敦煌漢、藏本龜占圖文均涉及烏龜身體的十個部位；同時，就占辭敘述而言，兩者也都是以推求失物所在地及能否得到爲中心。因此敦煌藏文本《金龜擇吉占走失法》與漢文本《推神龜走失法》是同一性質的占法文書。黃正建推測 Дx. 01236《推神龜走失法》還應有一幅 "龜形圖"。從殘卷上端留有相當空白以及藏文本《金龜擇吉占走失法》之金龜圖來看，這種可能性是存在的。周西波由於將 Дx. 01236 中的 "耳日失" 誤釋作 "耳日共"，從而把 "耳" 簡單理解爲語氣助詞或筆誤②。這一認識錯誤，有失詳察。

P. 3602V《神龜推走失法》雖也有 "神龜" 之名，但主要是按圓、長畫、短畫數走失日，然後分 "不可捉得" "急捉得"

① 圖版參俄羅斯科學院東方研究所聖彼得堡分所、俄羅斯科學出版社東方文學部、上海古籍出版社編《俄藏敦煌文獻》第 8 卷，上海古籍出版社、俄羅斯科學出版社東方文學部 1997 年版，第 27 頁。

② 周西波：《敦煌文獻中之逐盜求失物方術略考》，劉進寶、高田時雄主編《轉型期的敦煌學》，上海古籍出版社 2007 年版，第 541 頁。

及"不捉自來"三種情況占之。此占法與《推神龜走失法》《金龜擇吉占走失法》性質不同。

　　據周西波揭示，類似龜占圖文在《新編群書類要事林廣記》中曾有載録。《新編群書類要事林廣記》中的龜占由《靈龜逐盜圖》和《筹靈龜法》兩部份組成。《靈龜逐盜圖》以頭下尾上的烏龜圖爲中心，每月初一自頭部順行，將三十日以八爲差分別排布在龜像周邊八個部位，每個部位各四日，三十日止於后左足。《筹靈龜法》以烏龜八個部位爲序，逐一說明占辭結果，如"值頭失物者，西南去五裡、十三裡，或在石、鐵之處。"① 其圖像及推算方法與尹灣漢墓《神龜占》恰相反，和敦煌漢、藏文龜占圖文亦不同。

　　另據劉樂賢提示，我國西南彝族的《玄通大書》對龜占亦有記載②。該書所存龜占圖文題作"由此占失物去向"，包括占卜方法、龜圖及占辭，其中占辭直接抄寫在烏龜的八個部位上。其方法爲："月大是循著圖的頭頂開始念。月小則循著圖的尾巴處開始念。"③ 月分大小的占法及起始部位，無疑與敦煌藏文本《金龜擇吉占走失法》相一致。但《玄通大書》龜占圖文的占辭及八個部位的結構組成，更接近《新編群書類要事林廣記》中的龜占體系。

　　從尹灣漢墓《神龜占》到彝族《玄通大書》、從敦煌漢文本《推神龜走失法》到藏文本《金龜擇吉占走失法》，顯現出龜占圖文的傳流既久且廣。敦煌西域藏文占卜文獻中，除 S. 6878V外，利用動物進行占卜的主要是羊肩胛骨卜與烏鳴占，吐蕃史料亦未見龜占之記載，所以能夠確定敦煌藏文本 S. 6878V 之《金龜擇吉占走失法》當據漢文本《推神龜走失法》改編而成。此外，《金龜擇吉占走失法》的發現與釋讀，充分證實了漢文本

① 劉國忠：《〈五行大義〉研究》，遼寧教育出版社 1999 年版，第 399 頁。
② 劉樂賢：《簡帛數術文獻探論》，湖北教育出版社 2002 年版，第 152—153 頁。
③ 馬學良主編：《增訂爨文叢刻》下册，四川民族出版社 1987 年版，第 1790 頁。

《推神龜走失法》有關"耳日"占辭規定的存在，從而彌補了敦煌漢文文書殘損的缺陷，再現了唐宋時代及敦煌地區龜占圖文的完整面貌。

五 《出行擇日吉凶等占法抄三種》相關問題研究

通過以上考釋，可以清晰地看到 S. 6878V 相繼記錄了《出行擇日吉凶法》、婚嫁圖文、《金龜擇吉占走失法》三種吉凶指向各異的占法，本文按其所存內容定名爲《出行擇日吉凶等占法抄三種》。《斯坦因劫經録》《敦煌寶藏》分別將敦煌藏文本 S. 6878V 定名《西域文文書八格》[①] 《西域吐蕃文圖形説明十二種》[②]，均不確。

關於 S. 6878V《出行擇日吉凶等占法抄三種》的抄寫時間問題，有兩条線索可供參考。《贤者喜宴》記載，吐蕃在赤祖德赞（khri - gtsug - lde - btsan，815 - 836）時期曾"厘定文字，对古代诸难懂之词予以舍弃，使之合于地区及时代，既易懂又适宜诵读，为精减文字，取消了下加字形、重后加字及后加单体字"[③][32]。王尧先生將此次藏文字改革的具體時間考訂在公元826 年至 827 年[④]。筆者在研究敦煌藏文本 P. T. 1047V《羊肩胛骨卜抄》時發現，带有古藏文重后加字"da"的词汇贯穿此件文書始終，而 S. 6878V 行文中无一處有此重后加字。因此 S. 6878V的成書時間應不會早於公元 827 年之前。此其一。其二，就敦煌藏文占卜文書的編纂時間而言，大致可以分爲吐蕃管辖敦煌時期與歸義軍時期兩大時間段。前者以 P. T. 1047V《羊

① 商務印書館編：《敦煌遺書總目索引》，中華書局 1983 年版，第 250 頁。

② 黄永武主編：《敦煌寶藏》第 53 册，新文豐出版股份有限公司 1983 年版，第 49 頁。

③ 巴卧·祖拉陈瓦：《贤者喜宴——吐蕃史译注》，黄颢、周润年译注，中央民族大学出版社 2010 年版，第 259 頁

④ 王尧：《吐蕃金石录》，文物出版社 1982 年版，第 9 頁。

肩胛骨卜抄》、IOL Tib J742《十二錢卜法》爲代表①，這兩件文書的突出特點在於均具有強烈的苯教色彩，尤其是 IOL Tib J742《十二錢卜法》，雖然是根據漢文本《十二錢卜法》改編而成，卻刻意增加了"松兒石""雕翎箭""山羊""青稞"等苯教祭祀器物的記録②。後者以 P. T. 127 中的《推十二時人命相屬法》③《人姓歸屬五音經》爲代表④，這兩則占法同樣是改編自漢文文書，不過已無絲毫的本教痕跡，佛教轉生思想與漢族術數知識在其中運用較多⑤。S. 6878V《出行擇日吉凶等占法抄三種》相對漢文本來講改編之處不少，但未見任何涉及苯教的描述，因而成書於歸義軍時期的可能性絕大。

隨著學術界對敦煌語言史研究的深入，業已認識到藏語文自八世紀中葉開始，逐漸成爲河西及西域地區民衆的一種共用語言⑥。在此情形下，S. 6878V《出行擇日吉凶等占法抄三種》的使用群體問題就變得複雜，殊難遽斷。不過筆者仍有充分理由相信，此件文書的使用者當是敦煌地區的吐蕃人或者說吐蕃移民。前文述及 S. 6878V 圖十由"木男""木女"等十組内容構成，其實所謂"木男"等，正是具有吐蕃民族特色的"十天干"。藏文中的"男""女"，亦有"陽""陰"或"公""母"之意，故

---

① 陳踐：《敦煌藏文 ch. 9. II. 68 號 "金錢神課判詞" 解讀》，《蘭州大學學報》（哲學社會科學版）2007 年第 3 期。

② 張福慧、陳于柱：《敦煌古藏文、漢文本十二錢卜法比較研究》，《天水師範學院學報》2010 年第 3 期；陳于柱：《唐宋之際敦煌苯教史事考索》，《宗教學研究》2011 年第 1 期。

③ 羅秉芬、劉英華：《敦煌本十二生肖命相文書藏漢文比較研究》，《安多研究》第 2 輯，民族出版社 2006 年版，第 4—18 頁。

④ 高田時雄著，鐘翀等譯：《敦煌·民族·語言》，中華書局 2005 年版，第 352—353 頁。

⑤ 陳于柱：《敦煌藏文本祿命書 P. T. 127〈推十二時人命相屬法〉的再研究》，《中國藏學》2009 年第 1 期。

⑥ ［日］武内紹人：《后吐蕃時代藏語文在西域河西西夏的行用與影響》，《敦煌研究》2011 年第 5 期。

圖十中的十組書寫亦可譯作木陽、木陰、火陽、火陰、土陽、土陰、金陽、金陰、水陽、水陰。在漢族術數文化中，十天干既分陰陽、又具五行。《五行大義》第五"論配支干"："干則甲丙戊庚壬爲陽，乙丁己辛癸爲陰。……甲乙寅卯，木也，位在東方；丙丁巳午，火也，位在南方；戊己辰戌丑未，土也，位在中央，分王四季，寄治丙丁；庚辛申酉，金也，位在西方；壬癸亥子，水也，位在北方。"① 敦煌漢文文書 S. 612V《失名占書》之"推祿法"載："其十干五陰五陽：陽者甲丙戊庚壬，其陰乙丁己辛癸是也。"又"五行十干辯（辨）方位"稱："東方甲乙寅卯木，南方丙丁巳午火，西方庚辛申酉金，北方壬癸亥子水，辰戌丑未並戊己，四角中方皆是土。"② 嚴敦杰先生在《中國大百科全書·天文學》"藏曆"條目中介紹："今西藏自治區拉薩大昭寺前保存有長慶年唐蕃會盟碑，碑文爲藏文，碑中有藏曆與唐曆的對照。碑文中說：'大蕃彝泰七年，大唐長慶元年，即陰鐵牛年，孟冬月十日也。'孟冬月爲冬季第一個月。藏曆紀年以五行、十干、十二支配合。十干配五行，木以甲陽乙陰，火以丙陽丁陰，土以戊陽己陰，金以庚陽辛陰，水以壬陽癸陰。干支紀年以五行區別陰陽，不用十干之名。十二支則用十二獸名。故上陰鐵牛年（鐵爲金）即爲辛丑，與唐長慶元年干支相合。"③ 所以吐蕃紀年的"天干"，實際是用漢族十天干的各自五行與陰陽屬性相配來表示；吐蕃紀年的"地支"，則以生肖表示。不空譯、楊景風注《文殊師利菩薩及諸僊所說吉凶時日善惡宿曜經》卷下曾談到"西國以子丑十二屬記年，以星曜記日，不用甲子者。"④

---

① 劉國忠：《〈五行大義〉研究》，遼寧教育出版社 1999 年版，第 183 頁。
② 郝春文編著：《英藏敦煌社會歷史文獻釋録》第 3 卷，社會科學文獻出版社 2003 年版，第 311 頁。
③ 《中國大百科全書·天文學》，中國大百科全書出版社 1980 年版，第 558 頁。
④ 《大正藏》第 21 册，394 頁下欄。

這裡的"西國"看來是包括了吐蕃的。鄧文寬先生研究指出，此套干支配合法大約在中原王朝武則天統治末期傳入藏區，其用於吐蕃紀年的時間是在公元 8 世紀下半葉至 9 世紀初前後，不會晚於公元 823 年，即唐穆宗長慶三年①。據黃文煥先生揭示，敦煌莫高窟第 365 窟藏文題記有"水陽鼠年"（即壬子年，公元 832 年）和"木陽虎年"（即甲寅年，公元 834 年）②。因此 S. 6878V《出行擇日吉凶等占法抄三種》圖十實是漢族甲、乙、丙、丁、戊、己、庚、辛、壬、癸十個天干的吐蕃化表達，其在圖中的對稱關係，正是 S. P. 6《乾符四年（877）具注曆日‧呂才嫁娶圖》中的"干合"。由此判斷敦煌藏文本 S. 6878V《出行擇日吉凶等占法抄三種》的使用群體爲吐蕃人，應確鑿無疑。

　　從吐蕃陷落敦煌到張議潮收復，敦煌地區受吐蕃政權管轄長達半個多世紀。歸義軍政權建立後的敦煌地區是否還存在吐蕃移民？就此問題，湯開建、高田時雄、鄭炳林等學者均給予了肯定回答。但在其各自研究中，針對敦煌文獻見載的大量採用"漢姓蕃名"之人，究竟是漢人還是吐蕃人，其意見並不統一。如湯開建先生提出這類人群更大可能是保持漢姓採用吐蕃名的漢人③，而鄭炳林先生認爲屬於吐蕃移民。筆者認爲，對此類群體雖不宜斷然簡單地認定是漢人或吐蕃移民，但敦煌藏文本《人姓歸屬五音經》的發現，卻能夠堅實地證明十世紀或者說歸義軍時期敦煌的吐蕃移民曾經普遍地採用了漢族姓氏；那麼敦煌文獻中大量的"漢姓蕃名"之人，其中也就理應包括爲數不少的吐蕃人④。鄭炳林先生指出"由於吐蕃居民不像粟特人等在敦煌文獻中有比較

---

①　鄧文寬：《"吐蕃紀年法"的再認識》，《敦煌研究》2006 年第 6 期。

②　黃文煥：《跋敦煌 365 窟藏文題記》，《文物》1980 年第 7 期。

③　汤开建：《宋金时期安多吐蕃部落史研究》，上海古籍出版社 2007 年版，第 5 页。

④　陳于柱：《敦煌文書 P. T. 127〈人姓歸屬五音經〉與歸義軍時期敦煌吐蕃移民社會研究》，《民族研究》2011 年第 5 期。

明確豐富的記載，從居民姓名上又很難區分，研究難度很大，因此，學術界至今沒有對晚唐五代、歸義軍時期的敦煌吐蕃居民情況進行研究。"① 包括《人姓歸屬五音經》在内的敦煌藏文占卜文獻，無疑是學術界突破這一研究瓶頸的重要資料。占卜文化的最重要特質之一，就在於其實用性。本文對敦煌藏文本 S. 6878V《出行擇日吉凶等占法抄三種》的整理與考釋，不僅揭示了此件文書的完整樣貌、彌補了敦煌漢文文書的缺陷與不足，而且爲推進對唐宋之際尤其是歸義軍時期敦煌吐蕃移民社會史的研究提供了新的素材。通過此件文書，可以管窺吐蕃移民在出行、婚嫁、失物等生活場域中的心態與慣習。《出行擇日吉凶等占法抄三種》作爲影響和約束人們日常生活的擇吉占法，亦是吐蕃移民用以規避可能有的生命危機、在現實和心理場中獲得安全感的一種文化手段。尤其通過 S. 6878V 與相關敦煌漢文文書的互勘比對，不難發現 S. 6878V 的編纂者對婚嫁占文的相關規則並不在意，說明性文字很少。這一現象表明，吐蕃移民對源自漢族的婚嫁擇吉習俗非常熟悉，只需藉助相應圖文即可運用，頗有"心領神會"之感。目前尚無任何資料顯示吐蕃王朝時期西藏本土的婚姻生活遵循《呂才嫁娶圖》，而歸義軍時代敦煌吐蕃移民婚姻關係中利用生肖宜忌進行擇偶的生活實態，在敦煌藏文本 S. 6878V《出行擇日吉凶等占法抄三種》中已展露無疑。

六　附 S. 6878V《出行擇日吉凶等占法抄三種》釋文

Lma – du – vjug – cing – mci – bvi/chos – grangs – bzang – ngan – blta – bav/

出行擇日吉凶法

---

① 鄭炳林：《晚唐五代敦煌地區的吐蕃居民初探》，《中國藏學》2005 年第2 期。

（圖一）

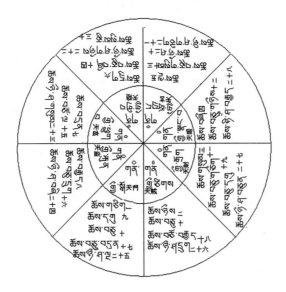

ganm – sko – vu – nyi – ma – la – bab – na／lam – ring – bor – vgro – na – bzang – bkra – shis／

天門之日，出行吉祥圓滿。

gnam – tsigs – gyi – nyi – ma – la – bab – na／gar – vgro – yang – god – ka – vbying – ste – ngan – rab／

天賊之日，出行遇損耗，不吉。

gnam – grog – gi – nyi – ma – la – bab – na／gar – vgro – yang – grog – dang – phrad – ji – bya – lo – cog – vbyor – cing – vgrub – ste – bzang – rab – bo／

天財之日，出行逢友，諸事圓滿，大吉。

gnam – snang – bavi – nyi – ma – la – bab – na／sha – cang – ston – mo – dang – phrad – de – bzang／

天陽之日，出行逢友及宴會，吉。

gnam – gyi – pho – brang – gi – nyi – ma – la – bab – na／gar – vgro – yang – grog – dang – phrad – de – khe – slogs – che – bzang – rab／

天宮之日，出行逢友，獲利，大吉。

gnam – grib – kyi – nyi – ma – la – bab – na/gar – vgro – yang – gong – ka – dang – bor – rlag – vbyung – ste/ngan – rab – bo/

天陰之日，出行遇損耗，不吉。

gnam – phyug – bavi – nyi – ma – la – bab – na/gar – vgro – yang – grog – dang – phrad – te – ji – byo – vo – cog – vbyor – vgrub – sde – bzang – rbo/

天富之日，出行得財、逢友，諸事圓滿，大吉。

gnam – rkun – gyi – nyi – ma – la – bab – na/gar – vgro – yang – chom – rkung – kyis – btab – ste – ngan – rab – bo/

天盜之日，出行遇匪盜，大凶。

（圖二）

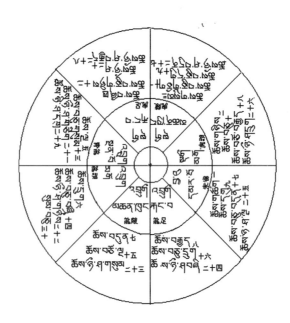

byevu – dmar – po – vi – nyi – ma – la/gar – vgro – vo – cog – grog – dang – phrad – de – bzang – rab/

朱雀之日，出行得財、逢友、大吉。

ng – na – bzang/rang – don – la – song – ngan/

虎頭之日，為勝業出行吉，為私事出行兇。

Stagi – mchan – khung – gi – nyi – ma – la – bab – na/kar – vgro – yang – vbring – ngo/

虎腋之日，出行中吉。

stagi – rkang – bavi – nyi – ma – la – bab – na/kar – vgro – yang – khe – slogs – myi – byin – te – vbring – smad/

虎足之日，出行不獲利，中下。

vbrug – sngon – po – vi – nyi – ma – la – bab – na/bla – don – la – song – na – bzang/rang – don – song – na – ngan – no/

青龍之日，為勝業出行吉，為私事出行兇。

vbrug – mgo – vi – nyi – ma – la – bab – na/kar – vgro – yang – god – ka – vbyung – ste – ngan/

龍頭之日，出行遇損耗，凶。

vbrug – mchan – khung – gi – nyi – ma – la – bab – na/vbyor – vgrub – ste – bzang – rab/

龍腋之日，出行得財，吉祥圓滿，大吉。

vbrug – gi – rkang – bavi – nyi – ma – la – bab – na/kar – vgro – yang – rgyi – vbrod – de – ngan – rab/

龍足之日，出行不利，凶。

（圖三）

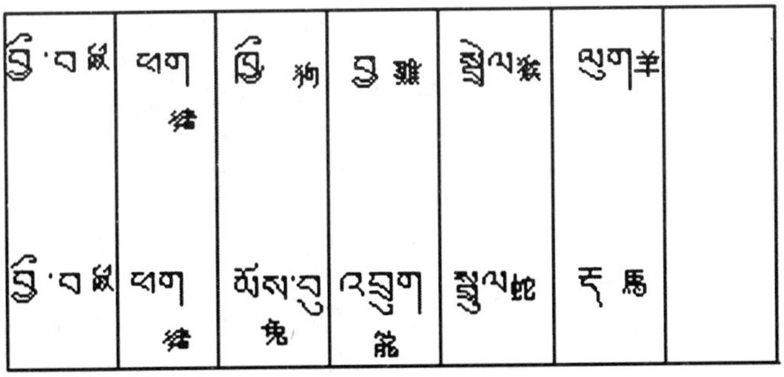

pho – mo – vdi – bzhin/sbyar – na/blon – mtsan – mcol – myi –
dgos – par – thob/

男女婚配依照此序，不可亂序則吉。

（圖四）

pho – mo – vdi – bzhin – sbyar – na – gzhan – bzang/byi – glang –
khyi – nang – sbyar – na/bu – myed – gzhan – ni – bzang/

男女依照此婚配則吉，鼠、牛、狗，除無子外其他吉。

（圖五）

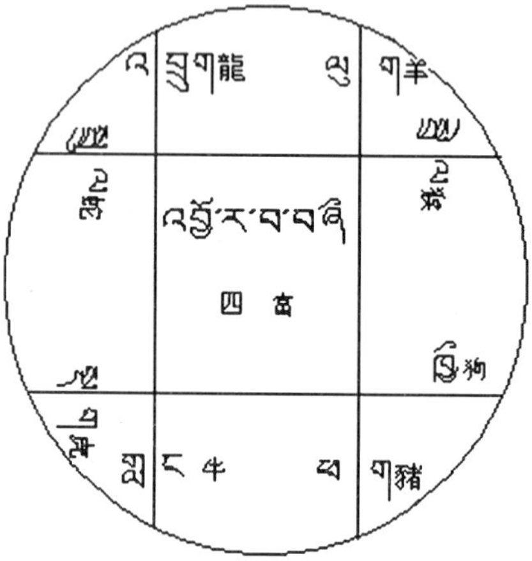

pho – mo – vdi – bzhin/sbyar – na/bu – mo – gnyis – yod/

男女依照此婚配，有子五男二女。

（圖六）

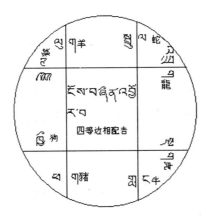

pho – mo – vdi – bzhin/sbyar – na/phyug – btsan/

男女依照此婚配，富裕穩固。

（圖七）

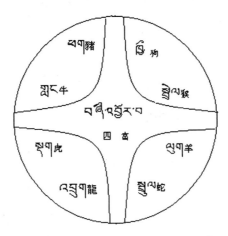

pho – mo – vdi – bzhin/sbyar – na/vdzangs – rab/

男女依照此婚配，守財。

（圖八）

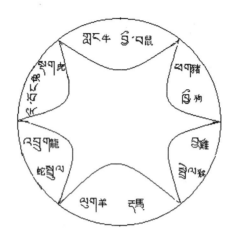

pho – mo – vdi – bzhin/sbyar – na/cho – ring – phyug – btsan/
男女依照此婚配，世代富裕穩固。

（圖九）

pho – mo – vdi – bzhin/sbyar – na/phyug – btsan/
男女依照此婚配，富裕穩固。

（圖十）

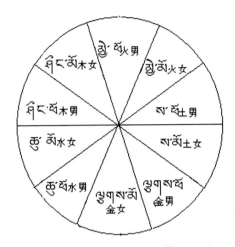

pho – mo – vdi – bzhin/sbyar – na/deg – ste – vphan – la – phyug –
du – mci/

男女依照此婚配，吉。

vdi – man – cad – myi – vbyor – bavo/

以下皆不吉。

（圖十一）

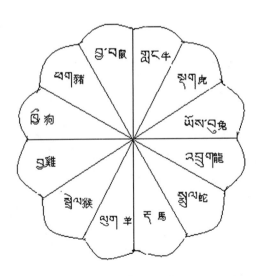

gong – ma – vdi – ni/zug – pa – drug – ces – bya – ste – myi –
vbyor – bavo/

以上即所謂六沖，不吉。

gser – gyi – ru – sbal – mo – ste/bros – ba – dang – rlag –
btsal – bav/

（圖十二）

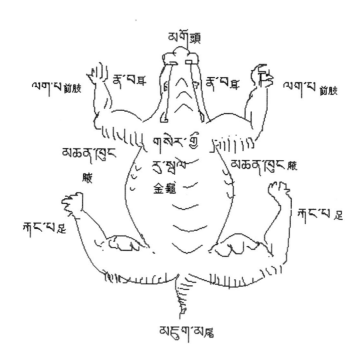

金龜擇吉占走失法。

zla – ba – gang – la – bab – kyang – ste/chos – zhag – gcig – nas –
bgrangs – la/stor – bavi – nyi – ma – ru – sbal – kyi – tshigs – gang –
bab – pa – dang/sbyang – te – gdab – bo/

從每月一日起計算到丟失日，看對應龜所在的某一部位。

zla – ba – sum – cu – thub – ni – na/mgo – nas – gyas – logsu –
bgrang/

大月從頭的右側開始算起。

zla – ba – sum – cu – myi – thub – ni – na/mjug – nas – gyon –
logsu – bskor – te – bgrango/

小月從尾的左側算起。

bzang – ngan – gyi – tsigs – ni – ru – sbal – kyi – mjug – du –
bris – so/

龜的尾部後寫著吉凶卜辭。

mgo – vi – nyi – ma – la – stor – na – btso – blag – mkhan – gyi –
vkhor – du – btsal – na – rnyed/

頭日失者，染色工匠附近尋而可得。

rna – bavi – nyi – ma – la – stor – na/btsal – te – lam – du – phrad –
kyang/bdag – gi – lag – du – thob – la – myi – pha – na – no/

耳日失者，可自歸但無利。

lag – bavi – bavi – nyi – ma – la – stor – na/ri – mthon – bo –
dang/grog – mo – dang – mchad – khrod – dung/btsan – na – rnyed/

前肢日失者，在高山，深谷，墳地尋而可得。

mchan – khung – gi – nyi – ma – la – stor – na/gser – magr – dang –
rang – tag – dang – grong – vkhor – du – btsal – na – rnyed/

腋日失者，在金匠，紡織工，村落附近尋而可得。

rkang – bavi – nyi – ma – la – stor – na/rdz – sno – dang – zhang –
lon – dang – tshong – drus – su – btsal – na – rnyed –

足日失者，陶器坊，田埂，集市尋而可得。

mjug – mavi – nyi – ma – la – stor – na/grog – mo – phyogsu – bt-
sal – na – rnyed/

尾日失者，深溝處尋而可得。

（注：本文原提交 2012 年"中古中國的信仰與社會"國際學術研討會，初稿完成後，承郝春文教授、榮新江教授、余欣教授提出具體修改意見，特此致謝！）

参考文献

史志类

智观巴·贡却乎丹巴饶吉：《安多政教史》，吴均、毛继祖、马世林译，甘肃民族出版社 1989 年版。

更敦琼培：《白史》，法尊大师译，西北民族学院研究所 1981 年版。

范晔撰：《后汉书》，中华书局 1965 年版。

刘昫等撰：《旧唐书》，中华书局 1975 年版。

司马迁撰：《史记》，中华书局 1959 年版。

徐松辑：《宋会要辑稿》，中华书局 1957 年版。

李昉等撰：《太平广记》，中华书局 1961 年版。

欧阳修撰：《新唐书》，中华书局 1974 年版。

欧阳修撰：《新五代史》，中华书局 1974 年版。

五世达赖喇嘛：《西藏王臣记》，刘立千译注，民族出版社 2000 年版。

段成式撰：《酉阳杂俎》，方南生点校，中华书局 1981 年版。

多罗那他：《印度佛教史》，王沂暖译，西北民族学院研究所 1981 年版。

五世达赖喇嘛阿旺洛桑嘉措：《一世——四世达赖喇嘛传》，陈庆英、马连龙等译，中国藏学出版社 2006 年版。

迭部县志编纂委员会编：《迭部县志》，兰州大学出版社 1998

年版。

甘南藏族自治州地方史志编纂委员会编：《甘南州志》，民族出版社 1999 年版。

青海省刚察县志编纂委员会编：《刚察县志》，陕西人民出版社 1997 年版。

贵德县志编纂委员会：《贵德县志》，陕西人民出版社 1995 年版。

湟源县志编纂委员会编：《湟源县志》，陕西人民出版社 1993 年版。

莽班智达：《拉卜楞寺志》，甘肃人民出版社 1997 年版。

临潭县志编纂委员会编：《临潭县志》，甘肃民族出版社 1997 年版。

天祝县志编纂委员会：《天祝藏族自治县志》，甘肃民族出版社 1994 年版。

同仁县志编纂委员会编：《同仁县志》，三秦出版社 2001 年版。

循化撒拉族自治县志编纂委员会编：《循化撒拉族自治县志》，中华书局 2001 年版。

甘肃省图书馆书目参考部编：《西北民族宗教史料文摘》（甘肃分册），甘肃省图书馆出版社 1984 年版。

论著类

阿顿·华多太：《循化藏区的石帐节与夏尔群鼓舞》，《中国西藏》2007 年第 4 期。

彼·库·柯兹洛夫：《蒙古、安多和死城哈喇浩特》，王希隆、丁淑琴译，兰州大学出版社 2001 年版。

才让：《青海藏族的射箭活动及其文化背景》，《西北民族研究》1992 年第 1 期。

才让：《藏传佛教民俗与民间信仰》，民族出版社 1999 年版。

才让：《简析青藏高原上的龙文化》，王继光主编《中国西部民族文化研究 2003 卷》，民族出版社 2003 年版。

陈景源、庞涛、满都尔图：《青海省同仁地区民间宗教信仰考察报告》，《西北民族研究》1999 年第 1 期。

丹珠昂奔：《藏族神灵论》，中国社会科学出版社 1990 年版。

顾颉刚：《西北考察日记》，甘肃人民出版社 2002 年版。

格勒：《藏族早期历史与文化》，商务印书馆 2006 年版。

格桑本、尕藏才旦：《雪域气息节日文化》，甘肃民族出版社 2000 年版。

韩养民、郭兴文：《中国古代节日风俗》，陕西人民出版社 1987 年版。

黄明信：《西藏的天文历算》，青海人民出版社 2002 年版。

黄明信：《五代宋金时期甘青藏族部落的分布》，《中国藏学》2006 年第 3 期。

华锐·东智：《拉卜楞民俗文化》，青海民族出版社 2004 年版。

霍福：《青海宗日舞蹈盆的文化符号学分析》，《青海民族研究》2005 年第 3 期。

寇小丽：《民族传统节日文化的作用与民族发展——对甘南藏区香浪节的思考》，《社科纵横》2005 年第 20 卷第 3 期。

伦珠旺姆、昂巴：《拉卜楞地区山神崇拜之历史渊源及文化现象分析》，《西藏艺术研究》1996 年第 4 期。

罗伯特·萨耶著：《印度—西藏的佛教密宗》，耿升译，中国藏学出版社 2000 年版。

李安宅、于式玉：《李安宅、于式玉藏学文论选》，中国藏学出版社 2002 年版。

李建民主编：《生命与医疗》，中国大百科全书出版社 2005 年版。

刘夏蓓：《青海隆务河流域的六月会及其文化内涵》，《西北民族研究》1999 年第 1 期。

刘小峰：《端午节与水神信仰——保存于日本典籍中有关端午节起源的一则重要史料》，《民俗研究》2007 年第 1 期。

林继富编著：《西藏节日文化》，西藏人民出版社 1993 年版。

马曼丽、樊保良：《古代开拓家西行足迹》，陕西人民出版社1987年版。

聂鑫森：《走进中国老节日》，湖南美术出版社2005年版。

南文渊：《藏族神山崇拜观念浅谈》，《西藏研究》2000年第2期。

乔高才让主编：《天祝史话》，甘肃文化出版社2004年版。

四川省编辑组编写：《四川省阿坝州藏族社会历史调查》，四川省社会科学院出版社1985年版。

石泰安：《有关吐蕃苯教殡葬仪轨的一卷古文书》，高昌文译，中国敦煌吐鲁番学会主编《国外敦煌吐蕃文书研究选译》，甘肃人民出版社1992年版。

汤开建：《五代宋金时期甘青藏族部落的分布》，《中国藏学》1989年第4期。

图齐：《喜马拉雅的人与神》，向红笳译，中国藏学出版社2005年版。

陶柯：《论藏族文化对汉族文化的影响》，民族出版社2006年版。

王克芬：《中国舞蹈发展史》，上海人民出版社1989年版。

王兴光：《华日地区一个藏族部落的民族学调查——山神和山神崇拜》，《西藏研究》1996年第1期。

王尧著：《藏学概论》，山西教育出版社2004年版。

汪金友：《中外节日掌故》，中国社会出版社1990年版。

旺谦、丹曲：《甘肃藏传佛教寺院录》，甘肃民族出版社2000年版。

武沐：《洮州湫神奉祀文化的解读》，《中国民族学集刊》第2辑，甘肃民族出版社2008年版。

许万邦、祁庆富：《中国少数民族文化通论》，中央民族大学出版社1997年版。

谢继胜：《藏族的山神神话及特征》，《西藏研究》1988年第4期。

星全成：《藏族传统文化及其现代化》，青海民族出版社 2002
　年版。

肖建春：《论青藏地区民族节日的广告效应》，《成都理工大学学
　报》2007 年第 2 期。

杨建新：《中国西北少数民族史》，民族出版社 2003 年版。

杨才让塔：《浅谈天祝藏区赛马会的民俗文化内涵》，甘肃省藏学
　研究所主编《安多研究》第 3 辑，民族出版社 2007 年版。

杨贵明：《塔儿寺文化》，青海人民出版社 1997 年版。

张建世、范勇：《中国年节文化》，三环出版社 1990 年版。

直江广治：《中国民俗文化》，王建郎译，上海古籍出版社 1991
　年版。

周星：《黄河上游区域多民族格局的历史形成》，费孝通主编
　《中华民族研究新探索》，中国社会科学出版社 1991 年版。

周拉：《略论藏族神山崇拜的文化特征及功能》，《中央民族大学
　学报》（哲学社会科学版）2006 年第 4 期。

宗喀·漾正冈布：《卓尼生态文化》，甘肃民族出版社 2007 年版。

扎洛：《青海卓仓藏人的地域保护神崇拜——对三份焚香祭祀文
　的释读与研究》，甘肃藏学研究所主编《安多研究》第 1 辑，
　中国藏学出版社 2005 年版。

赵永红：《文化雪域》，中国藏学出版社 2006 年版。

周大鸣、阙岳：《民俗：人类学的视野——以甘肃临潭县端午龙
　神赛会为研究个案》，《民俗研究》2007 年第 2 期。

朱丽霞：《"佛本之争"后的苯教》，《宗教学研究》2007 年第
　4 期。

学位论文类

切排：《华锐藏区社会文化变迁研究》，兰州大学博士毕业论文，
　2004 年。

王秋花：《细节变异与地方认同——以拉卜楞山神祭祀仪式为

例》，兰州大学硕士毕业论文，2006 年。

张海云：《贡本与贡本措周——塔儿寺与塔儿寺六族供施关系研
　　究》，兰州大学博士毕业论文，2009 年。